김병기 교수의 한문 속 지혜 찾기 ④

눈물 어린 눈으로 꽃에게 물어도

김병기 저

우리의 정서에 꼭 맞는 '사랑'을 담은 한문 명구(名句)를 시로
풀어 쓰고 수필로 설명을 더한 88편의 감동적인 글 모음

어문학사

| 머리말 |

방안에 들어온 저 파리,
밝은 빛을 찾고 싶어 문종이를 뚫고 있으나
안 뚫리는 걸 뚫으려니 얼마나 힘들겠는가?
이곳저곳 뚫어보다
홀연히 처음에 들어오던 길을 찾아내고선
그제야 깨달아 바로 볼 수 있었다네.
지금까지 눈이 멀었던 자신의 모습을.
(爲愛尋光紙上鑽, 不能透處幾多難. 忽然撞着來時路, 始覺從前被眼瞞)

중국 송나라 때의 백운수단白雲守端(1025~1071) 선사禪師가 지은 것으로 전하는 「승자투창蠅子透窓(창호지 문을 뚫으려는 파리)」이라는 게송偈頌이다.

자동차 운전을 하다보면 더러 이 시와 비슷한 상황을 맞곤 한다. 열어놓은 창문으로 파리가 들어오기도 하고 벌이나 풍뎅이 같은 벌레가 날아들어 오기도 한다. 엉겁결에 들어온 이놈들은 나가려고 애를 쓰며 온 차 안을 휘젓고 날아다니기 때문에 운전에 적잖이 방해가 된다. 차를 세우고서 '탁' 때려잡을 수도 있겠지만 죽이고 싶지 않은 마음에 창문을 다 열어놓고서 나가라고 유도를 해도 이 녀석들은 대부분 열린 문은 놓아둔 채 꽉 막힌 앞쪽이나 뒤쪽 유리창에 머리를 박으며 그쪽으로만 나가려고 애를 쓴다. 이럴 때면 나도 모르게 이런 말이 나오곤 하였다. "쯧쯧, 미련한 것들!"

그런데 어느 날 나를 들여다보았더니 나도 차안에 들어온 벌이나 풍뎅이와 별로 다르지 않았다. 내 앞에 활짝 열려있는 그 많은 행복의 문들은 다 놓아두고서 꽉 막힌 다른 문만 행복의 문이라고 고집하며 그 문만 애써 두드리고 있는 게 바로 나의 모습이었다. 건강하신 부모님이 계시고, 마음씨 고운 아내가 있고, 착한 자식들이 있으며, 그런 가족들이 함께 살 수 있는 따뜻한 집이 있는 나는 알고 보니 누구보다도 행복한 사람이었다. 그런데 그런 행복을 곁에 두고서도 다른 곳에 가면 더 좋은 것이 있으리라는 생각에 늘 고개를 치켜들고서 두리번거리며 숨도 제대로 쉴 겨를이 없이 허겁지겁 뭔가를 찾아 허덕이며 사는 게 나의 모습이었다. 물론 진취적이고 적극적으로 사는 것은 좋은 일이다. 그러나 열린 문을 제쳐두고서 끝내 열리지 않을 닫힌 문을 죽어라고 두드리면서 허덕이며 살 필요는 없지 않은가?

『삼국사기』에는 다음과 같은 사실史實이 실려 있다. 고구려를 세운 동명성왕은 제국을 건국할 큰 뜻을 품고 고향을 떠나면서 부인에게 말하였다. "장차 내 아들이 자라거든 일곱 모서리 진 바위 위에 서있는 소나무 아래에서 내가 숨겨놓은 신표信標를 찾아 들고 나를 찾아오게 하라"고. 아들 유리類利가 장성하자 부인은 유리에게 아버지의 말을 전했고 이 말을 들은 유리는 '일곱 모서리 진 바위 위에 서있는 소나무'를 찾기 위해 온 산을 헤집고 돌아다녔다. 그러나 끝내 그러한 바위도 소나무도 찾을 수가 없었다. 낙심한 유리는 마루에 앉아 한숨을 쉬고 있다가 우연히 발아래의 주춧돌과 그 위에 서있는 기둥을 보게 되었다. 주춧돌이 바로 일곱 모서리가 진 바위였으며 그 위에 선 기둥이 곧 소나무였다. 유리는 드디어 그 곳에서 아버지 동명성왕이 남겨 놓은 신표인 칼 반 토막을 찾을 수 있었다.

나는 이 동명성왕 사실史實에 우리 민족의 행복관幸福觀이 담겨 있다고 생각한다. 우리 민족은 진작부터 '내가 찾고자 하는 소중한 행복은 결코 멀리 있지 않다'고 생각했다. 동명성왕은 그러한 행복관을 유리명왕으로 하여금 「일곱 모서리 진 바위 위에 서있는 소나무」를 찾게 하는 과정을 통하여 터득하게 한 것이다. 서양 사람들은 18세기 후반에 이르러서야 시인 칼 붓세Karl Busse (1872~1928)의 "저 산 너머에 행복이 있다 하기에/ 나도야 남을 따라 행복 찾아갔다가/ 눈물만 흘리고 되돌아 왔네"라는 시를 통하여 비로소 행복이 멀리 있지 않다는 사실을 노래했다. 하지만 우리 민족은 2000여 년 전 동명성왕 때부터 이미 행복은 결코 멀리 있지 않다는 사실을 확연하게 깨닫고 있었던 것이다.

그렇다. 우리가 중히 여기는 보석은 우리의 주변에 널려 있고 보석보다도 값진 행복 또한 아주 가까이에 있다. 다만 우리가 그 사실을 느끼지 못하고 있거나 심지어는 그렇게 느끼기를 거부하고 있을 뿐이다. 보석이 어디에 있는 줄을 몰라서 줍지 못하는 게 아니고 행복이 어디에 있는 줄 몰라서 행복을 찾지 못하고 있는 게 아니다. 주위에 널려 있는 게 보석이며 발아래 준비되어 있는 게 행복이다. 아이들의 천진한 웃음이 보석이고, 자식만 생각하다가 백발이 된 부모님의 주름진 얼굴이 보석이며, 내 이웃의 따뜻한 마음이 보석이다. 밝은 달과 청량한 바람이 보석이고, 골짜기를 옥같이 부서지며 흐르는 맑은 물이 보석이며, 봄이면 지천으로 피어나는 아름다운 꽃들이 다 보석이고, 그런 꽃보다 몇 배나 더 아름다운 사람, 사람들이 다 보석이다. 그리고 주변에 널려 있는 책에 실린 말씀들을 잘 주워서 살펴보면 거기에 바로 행복으로 가는 길이 안내되어 있다. 그럼에도 불구하고 우리는 늘 보물섬을 꿈꾸며 산다. 부질없는 짓이다. 있지도 않은 보물섬을 찾아 헤맬 게 아니라 이제는 책 속의 말씀들을 읽고 그 말씀들을 실천함으로써 스스로 보물을 만들어 나가야 한다. 애써 보석을 찾고 또 캐려 들지 말고 책 속에서 열심히 '보석 줍기'와 '행복 느끼기'를 해야 하는 것이다.

중국 문학을 공부하는 나는 평소에 중국이나 우리나라의 고전 문학 작품을 많이 접하곤 한다. 그 과정에서 정말 외워두고 싶은 한 구절을 만날 때가 더러 있다. 그 때마다 나는 그런 구절들을 보석을 줍듯이 따로 모았다. 그리곤 그 말들을 외우기도 하고 가끔 흥이 일 때면 붓을 들어 서예 작품으로 써보기도 하였다. 행복한 시간들이었다. 그러던 차에 전북일보로부터 그런 구절들을 칼럼을 곁들여 연재하자는 제의가 있었다. 몇 차례 사양하다가 결국은 연재를 하게 되었는데 그 연재가 3년 동안 지속되며 572회에 달하게 되었다. 그중 200회분을 책으로 묶어 2002년에 『拾珠―구슬줍기』라는 이름으로 출간한 적이 있다. 그리고 이번에 전체를 수정·보완하고 재편집하여 4권의 책으로 출간하게 되었다. 제1권에는 『배고프면 먹고 졸리면 자고』라는 이름을 붙였고, 제2권에는 『찾는 이 없다고 피어나는 향기를 거두랴』라는 이름을, 제3권에는 『나 말고 누가 나를 괴롭히겠는가』라는 이름을 붙였으며, 제4권에는 『눈물 어린 눈으로 꽃에게 물어도』라는 이름을 붙였다.

　세상이 아무리 변해도 변하지 않는 것들이 있다. 그중 하나가 바로 '배고프면 먹고 졸리면 잔다'는 사실이다. 배고프면 먹고 졸리면 잘 수 있는 삶이 가장 행복한 삶이다. 그러나 대부분의 사람들은 그렇게 쉬운 '배고프면 먹고 졸리면 자는 일'을 제 맘대로 하지 못한다. 마음 안에 엉뚱한 욕심들을 가득 넣고 있기 때문에 그런 욕심들로 인하여 삶을 허덕이며 살다가 먹어야 할 때를 놓치기도 하고 때로는 잠을 이루지 못하기도 한다. 그러면서도 여전히 욕심껏 튀려는 생각을 한다. 자신을 위해서 사는 게 아니라 자신을 보아 주는 남들의 눈을 의식하여 내면의 향기는 없이 겉모양만 꾸미며 산다. 깊은 산골에 자라는 난초가 찾아주는 이 없다고 피어나던 향기를 거둬들이던가? 아니다. 보아 주는 이가 있든 없든 제 향기를 제가 풍기며 진실하고 아름답게 산다. 이런 난초에 비해 사람은 남의 눈에 '잘' 보이기 위해 허덕이며 괴롭게 사는 경우가 많다. 괴롭히는 사람이 따로 있는 게 아니라 스스로가 스스로를 괴롭히며 산다. 나 말고 누가 나를 괴롭히겠는가? 나를 괴롭히는 것은 결국 나 자신이라는 점을 깨달아 자신을 괴롭히는 괴로움에서 벗어나고 나면 세상이 달리 보인다. 어느 것 하나 사랑 아닌 것이 없다. 다 사랑으로 안고 싶고 눈물로 안부를 묻고 싶은 존재들뿐이다. 누구를 위하여 눈물을 흘린다는 것이 우리를 얼마나 성숙하게 하고 아름답게 하며 기쁘게 하는가? 가난하고 초라한 존재들을 향해서도 눈물을 흘리는 마음으로 안부를 물어야 하지만 너무 아름다워서 더 없이 행복해 보이는 꽃에게도 눈물로 안부를 물을 수 있다면 우리는 꽃보다도 더 아름다워질 수 있을 것이다. 나 아닌 다른 존재들에게 물을 일이다. 관심을 가질 일이다. 눈물 어린 눈으로 꽃에게도 물을 일이다.

사회를 구성하는 가장 작은 단위는 한 쌍의 남녀, 즉 부부이다. 부부로부터 자식이 나오고, 자식이 나오면서 가족을 이루고, 가족이 구성한 가정이 모여서 사회를 이룬다. 따라서 바른 사회가 되기 위해서는 부부관계, 즉 한 쌍의 남녀관계부터 바르게 형성되어야 한다. 부부관계가 바르면 가정이 바르게 되고 각 가정이 바르면 사회에는 문제가 생길 일이 없어진다. 그렇다면 한 쌍의 남녀는 무엇으로 만나는가? 바로 사랑으로 만난다. 그러므로 세상에서 가장 소중한 것은 남녀 사이의 사랑이다. 먼 옛날 남녀 한 쌍의 사랑으로부터 세상이 열렸고, 지금도 그 사랑에 의해서 세상이 날마다 새롭게 시작되고 있는 것이다.

옛 사람들이 남긴 한문 속에 들어 있는 지혜를 모아놓은 이 책이 세상을 아름답게 하는 데에 조금이라도 도움이 되었으면 좋겠다. 열린 문을 놓아둔 채 뚫리지 않는 창호지를 뚫고 나가려고 애쓰는 파리만 미련한 게 아닐 것이다. 사람 또한 이와 비슷한 존재가 아닐까? 이 책을 통해서 좀 더 많은 사람들이 열린 문을 찾을 수 있기를 기대해 본다. 아니, 들어왔던 그 문이라도 찾을 수 있기를 기대해 본다. 흔쾌히 출판을 맡아주신 어문학사에 깊은 감사를 드린다.

2009년 2월 15일
전북대학교 연구실 持敬攬古齋에서
김병기 謹識

김병기 교수의 한문 속 지혜 찾기④
눈물 어린 눈으로 꽃에게 물어도

머리말_3

제1부 네 안에 내가 있고, 내 안에 네가 있어 ;
　　　부부, 연인의 사랑_13

　1. 돌이 모래 되도록_14
　2. 반　달_16
　3. 그대가 남편 되고 내가 아내 되어_18
　4. 너럭바위와　갈대 노(끈)_20
　5. 당신 생각에 내 모습이 여위어 가요_22
　6. 함께 있다는 것_25
　7. 눈물 어린 눈으로 꽃에게 물어도_27
　8. 정情_29
　9. 딜라일라_31
　10. 가을비와 오동잎_33
　11. 끊어야 할 사랑_37
　12. 서시西施보다도 예쁜 나의 사람아_39
　13. 그저 바라보기만 할 뿐_41
　14. 그리움이 꽃처럼 불타니_43
　15. 네 마음과 내 마음을 바꾸어 보니_45

16. 하늘, 땅이 다하여도_47

17. 이러지도 저러지도_49

18. 그대 맘도 내 맘 같기를_51

19. 참된 정情, 참된 재주才_53

20. 내 안에 네가 있고 네 안에 내가 있어_55

21. 왼손과 오른손이 어찌 따로 놀 수 있으랴_70

22. 깨진 거울_72

23. 원망스런 달빛_74

24. 눈물 머금은 눈으로_76

25. 돌과 난초_78

26. 벌판 다한 곳이 청산인데_80

27. 사랑은 아직도 끝나지 않았네_82

28. 비익조—한 몸 되어 나는 새_84

제2부 풀의 마음으로 봄볕의 은혜에 어이 보답하리 ;
  부모, 자식 사이의 사랑_87

29. 어버이_88

30. 할아버지의 붉은 얼굴_91

31. 하루, 한 시간이 아까운 마음_94

32. 시원한 돗자리와 따뜻한 이불_96

33. 사나이 눈물_98

34. 늙은 아들의 어머니_100

35. 세상에서 가장 맛있는 식사_102

9

36. 자식만이 희망_104

37. 내 자식은 특별히 총명하기를 바라지만_106

38. 부모가 계시면_108

제3부 한 잔 하시겠는가 ; 친구 사랑_111

39. 한 잔 하시겠는가?_112

40. 어떤 사람들과 어울려 살 것인가?_114

41. 한 마음_116

42. 옷과 친구_119

43. 물 맛_121

44. 눈, 꽃, 술, 달과 생각나는 사람_123

45. 가장 슬픈 일과 가장 즐거운 일_125

46. 좋은 말도 자주 하면_127

47. 나 대하기와 남 대하기_129

48. 오래된 우물과 대나무_131

49. 사랑과 용서_134

50. 덕德에 멱감기_136

51. 세 친구_138

52. 이별의 아픔_140

53. 아름다운 절교_142

54. 준 것과 받은 것에 대한 계산_144

55. 얼음 항아리 속의 옥 같은 마음_146

56. 낙엽수와 상록수의 차이_148

제4부 미치게 핀 꽃 ; 자연 사랑_157

57. 사랑인가, 해악인가?_158

58. 고　향_160

59. 미치게 핀 꽃_162

60. 넌들 가만히 있을 수 있었겠느냐?_164

61. 꽃과 노인_166

62. 강변 살자_169

63. 모란이 지고 나면 그 뿐, 내 한해는 다 가고 말아_171

64. 꽃잎 한 조각만 날려도 봄이 줄어드는데_174

65. 그 아름답던 소리들_176

66. 구　름_179

67. 꽃은 잎으로 핀다_181

68. 바람과 낙엽과 달과_183

69. 자연, 있는 그대로 그냥 두어라_185

70. 달을 담아 둘 수 있겠는가?_187

71. 하늘은 이불, 산은 베개, 달은 촛불, 구름은 병풍_189

72. 지는 꽃, 피는 잎_191

73. 여　름_193

74. 연잎-빗속에서_195

75. 딱따구리의 어리석음_197

제5부 대나무와 고기반찬 ; 삶과 예술에 대한 사랑_199

76. 음악회에 가시거들랑_200

77. 흰머리_202

78. 시비는 가려서 무엇하랴_204

79. 최고의 처방은 대나무_206

80. 대나무를 그리고 보니_208

81. 사람에 따라 때에 따라_210

82. 그대, 춤을 추고 있는가?_212

83. 새벽 등불_214

84. 매화와 눈과 시인_216

85. 향　기_218

86. 고기반찬과 대나무_220

87. 잃어버린 시심詩心_223

88. 인생은 눈 위에 남겨진 기러기 발자국 같은 것_225

제1부

네 안에 내가 있고,
내 안에 네가 있어
— 부부, 연인의 사랑

1. 돌이 모래 되도록

若使夢魂行有跡이면
약 사 몽 혼 행 유 적
門前石路已成沙라.
문 전 석 로 이 성 사

만약
영혼도 발자국을
남기는 거라면

꿈속에 달려간
그대 집 앞의 돌길은

내 발자국으로 인해
돌이
닳고 닳아서
애지녘에
모랫길이 되었을 것이오.

조선 선조 때의 여류시인으로 알려진 이옥봉(李玉峰)이 쓴 「몽혼(夢魂)」이라는 시의 3, 4구이다.

꿈속에서라도 찾아갈 수만 있다면 나는 수도 없이 그대의 문전에 찾아갔을 테니 그대 집 앞의 돌길은 내 발걸음으로 인해 닳고 닳아서 진작 모래가 되었을 것이라는 표현이 가슴을 찡하게 한다. 얼마나 보고 싶었으면 그렇게 표현했을까?

요즈음도 이렇게 가슴 타는 보고픔을 안고 사는 사람이 있을까? 교통과 통신의 발달로 시도 때도 없이 사진을 교환하고, 차만 타면 불과 몇 시간 안에 어디라도 가서 만나볼 수 있는 이 개명 천지에 그런 보고픔을 안고 사는 사람이 어디에 있겠느냐고 할지 모르나 아직도 우리 주변에는 그런 한 맺힌 보고픔과 그리움을 안고 사는 사람이 있다. 남북 이산가족이 바로 그런 분들이고, 이라크의 전쟁 복구를 위해 이역 땅에 자식을 보낸 부모들이 그런 사람들이다.

집이 없어서 친척집에 얹혀살거나 떠돌이로 살면서 가족에 대한 그리움으로 눈물을 흘리는 사람도 있고, 너무 일찍 돌아가신 부모님이 그리워 제삿날이면 엎드려 우는 자식도 있으며, 앞서 떠난 자식을 가슴에 묻고 사는 부모도 있다. 꿈속에서라도 만나고 싶은 보고픔은 우리를 슬프게 한다. 그러나 슬프더라도 아름답게 간직해야 한다. 슬픔보다 순수한 감정을 없다고 한다. 슬픔을 통하여 오히려 맑은 나의 영혼을 만나도록 하자. 그리하여 보고픔을 참고 사는 사람들을 위로하도록 하자. 세상에는 아름다운 보고픔도 있다. 그런 아름다운 보고픔이라면 우리 가슴 안에 간직해 보도록 하자.

若 : 만약 약   使 : 하여금 사   夢 : 꿈 몽
魂 : 영혼 혼   跡 : 자취 적   沙 : 모래 사

2. 반달

誰斷崑崙玉하여 裁成織女梳오?
수 단 곤 륜 옥   재 성 직 녀 소

牽牛一去後에 愁擲碧空虛라.
견 우 일 거 후   수 척 벽 공 허

곤륜산의 옥을
그 누가 캐어
직녀의 얼레빗을
만들었나요?

사랑하는 견우님
가버린 뒤에
수심愁心 실어
허공에 던진 거라오.

조선시대 최고의 기녀 시인인 황진이의 「영반월(詠半月, 반달을 읊다)」이라는 시이다.

이 시에 나오는 직녀는 바로 황진이 자신일 것이다. 사랑하는 견우가 가버린 후로는 곱게 머리를 빗어도 그 고운 머리를 보여줄 임이 없으니 옥으로 만든 얼레빗도 이제 쓸모가 없게 되었다. 그래서 그 빗에 수심도 싣고 한숨도 실어서 허공을 향해 던져 버렸다. 그랬더니 그 얼레빗이 하늘에 걸려 반달이 되었다. 시적인 착상과 상상이 돋보이는 재치 있는 시이다.

　황진이는 '에라!' 하면서 빗을 던져 버렸다는데 우리는 무엇을 던져본 적이 있을까? 어느 가수가 부른 노래의 가사처럼 "접시를 깨자"고 하며 접시를 던졌을까? 하지만 함부로 던질 일이 아니다. 때로는 사랑이 미움으로 변할 때가 있지만 그래도 함부로 내던질 일이 아니다. 그리움에 지쳐서 그런 게지 그게 어디 미움이랴! 순간 일었던 미운 마음은 어느새 천리 밖으로 달아나 버리고 금세 다시 보고 싶어지는 것을. 그리고 잠시나마 미워하는 마음을 가졌다는 사실이 오히려 마음을 아프게 하는 것을. 사랑은 한없는 그리움이다. 곁에 있어도 항상 그립고, 보고 있어도 보고 싶은 게 사랑인 것이다. 있을 때 잘 하도록 하자. 황진이도 허공에 얼레빗을 던져 버린 후 반달을 보며 많이 울었을 것이기에……。

誰 : 누구 수　　　　　　　　　斷 : 자를 단
崑 : 산 이름 곤　　　　　　　　崙 : 산 이름 륜(윤)
(※곤륜산은 중국에 있는 명산의 이름임)
裁 : 마름질할 재　　　　　　　梳 : 빗 소
擲 : 내던질 척

3. 그대가 남편 되고 내가 아내 되어

> 那將月姥訟冥司하여
> 나 장 월 모 송 명 사
>
> 來世夫妻易地爲할까?
> 내 세 부 처 역 지 위

어떻게 하면
월하노인月下老人을 불러
저승의 판관을 하소연하게 하여

이 다음 세상에서는
우리 부부의 입장을
바꾸어 태어나게 할 수 있을까?

(그대가 나라면 지금 어찌하겠소?)

조선시대 최고의 명필로 추앙을 받고 있는 추사 김정희 선생이 아내 예안 이씨의 죽음 앞에서 지은 「도망시(悼亡詩)」의 처음 두 구절이다.

(괄호 안은 의미전달을 위해 내용을 덧붙임_편저자)

1842년 11월 18일, 제주도에 귀양 중이던 추사는 병중에 있는 부인에게 병세를 묻는 편지를 낸다. 그리곤 아내로부터 소식이 오기를 손꼽아 기다린다. 약 1개월 후인 12월 15일, 추사는 인편에 소식을 전해 듣는다. 아내가 지난 11월 13일에 이미 세상을 떠났다는 소식을.

하늘도 무심하시지, 어찌 세상에 이럴 수가 있단 말인가?

이미 이 세상 사람이 아닌 줄도 모르고 죽은 아내를 향해 병세를 묻는 편지를 낸 자신의 신세가 너무나도 참담하게 느껴졌다. 찢어지는 듯한 그 마음을 아내는 알까 모를까? 그래서 추사는 울부짖었다. "이 다음 세상에서는 부부가 서로 바꾸어 태어나 당신이 내 입장이 한번 되어보라고!"

아무리 사랑하는 사람이라도 한번 눈을 감고 나면 아무런 말이 없다. 그리고 아무런 말도 전할 길이 없다. 부모님이 한번 눈을 감고 나면 초등학교 시절 상장을 탔을 때만큼의 기쁜 일이 생겨도 달려가 아뢸 곳이 없고, 사랑하는 아내가 떠나고 나면 아무리 기쁜 일이 생겨도 함께 나눌 사람이 없다. 배웅하는 사람이 없이 출정하는 병사도 슬프지만 환영하는 사람이 없이 돌아오는 개선장군도 슬프다.

부부 사이에 서로 내 맘을 몰라준다며 싸울 때가 오히려 행복한 순간임을 알아야 한다.

那 : 어찌 나　　將 : 장차 장　　姥 : 할미 모
訟 : 송사할 송　　冥 : 저승 명　　司 : 관리 사
易 : 바꿀 역

3. 그대가 남편 되고 내가 아내 되어

4. 너럭바위와 갈대 노(끈)

> 君當作磐石 하고　妾當作蒲葦 하여
> 　군 당 작 반 석　　　　첩 당 작 포 위
> 蒲葦紉如絲면　磐石無轉移리라.
> 　포 위 인 여 사　　　반 석 무 전 이

그대는
너럭바위가 되고
저는
부들이나 갈대가 되어,

부들이나 갈대로
노(끈)를 꼬아서
너럭바위를
칭칭
묶어놓으면

너럭바위는
더 이상
다른 데로 굴러가지 못할 거예요.

위진남북조시대의 민가(民歌)인 「초중경처(焦仲卿妻, 초중경의 아내)」에 나오는 구절이다.

민중들 사이에서 유행했던 민가의 가사답게 매우 소박한 느낌이 드는 시이다. 남자는 반석처럼 굳세고 무거워서 여자에게 믿음을 주어야 하고, 여자는 노(끈)로 묶은 듯이 남자를 잡아매어 둘 수 있는 매력이 있어야 한다. 그러한 연인, 그러한 부부라야 제대로 만나 제대로 사는 연인이요, 부부라고 할 수 있다.

남자가 믿음을 주지 못하면 여자는 불안하고 여자가 매력이 없으면 남자는 지루하다. 그런데 믿음도 매력도 처음부터 타고나는 것이 아니다. 다 스스로 가꾸는 것이다.

체격이 크고 힘이 세다고 해서 반드시 믿음을 주는 것이 아니고, 얼굴이 예쁘다고 해서 다 매력이 있는 것은 아니다. 체구가 작아도 심지가 굳으면 믿음을 살 수 있고, 얼굴이 조금 밉상이어도 하는 짓이 예쁘면 매력이 샘솟아 난다. 훤칠한 외모를 믿고 거드름을 피우는 남자는 믿음을 사지 못하고, 반반한 얼굴 하나 믿고 무례하고 불성실하게 행동하는 여자는 결국은 버림을 받게 된다. 처음엔 외모로 인해 믿음도 사고 매력도 느끼게 할 수 있겠지만 그러한 외모는 잠시일 뿐, 끝까지 사람에게 감동을 주고 매력을 느끼게 하는 것은 역시 착한 마음씨와 성실한 삶의 자세이다. 아내로부터 믿음을 사고 싶은 남자여! 성실하게 일하라. 그리고 무엇보다도 아내에게 충실 하라. 사랑 받고 싶은 여자여! 쓸데없이 성형 수술을 꿈꾸지 말고 착한 마음을 갖도록 하자.

君 : 그대 군(※임금, 군자라는 뜻으로 많이 쓰지만 2인칭의 '그대', '당신'이란 뜻으로도 씀)

磐 : 너럭바위 반

妾 : 첩 첩(※첩은 '본 부인 외에 더 얻은 여자'라는 뜻도 있지만 아내가 남편에 대해 자신을 낮춰 말할 때 쓰는 말이기도 함. 여기서는 두 번째 의미로 쓰임)

蒲 : 부들 포(※부들은 물가에 나는 풀)

葦 : 갈대 위

紉 : 맬 인(※끈으로 무엇을 동여맨다는 뜻)

轉 : 구를 전(※한 바퀴 회전하여 다른 모습으로 바뀐다는 의미로 쓰임)

移 : 옮길 이(※이곳에서 저곳으로 옮겨간다는 뜻임)

5. 당신 생각에 내 모습이 여위어 가요

衣帶漸寬終不悔니
의 대 점 관 종 불 회

爲伊消得人憔悴라.
위 이 소 득 인 초 췌

여위어 가는 몸
허리띠가 점차 헐렁해져도
결코
후회하지 않겠어요.

당신 생각에
이 내 몸이 녹아서
야위고
또
초췌해져도…….

> 송나라 때의 사(詞) 작가로 유명한 유영(柳永)의 사(詞) 「봉서오(鳳棲梧)」의 한 구절이다.

  사랑하는 사람에 대한 그리움, 언젠가는 다시 만날 수 있다는 희망은 있지만 지금은 가슴이 탈 듯이 그리운 그런 그리움으로 인하여 몸이 야위어 가는 것은 오히려 행복한 일이다. 봄! 그리움의 계절이다. 그 봄이 무르익어 가면서 봄날의 아지랑이 따라 우리들 가슴에 다시 이글거리는 그리움. 그런 그리움이 가슴에 영원히 남아있다는 것은 아름다운 일이다.
  그러나 어떤 그리움보다도 아름다운 그리움은 보고 있어도 보고 싶고, 눈앞에 있어도 그리운 아내, 그런 아내를 그리워하는 그리움일 것이다. 항상 옆에 있는 아내를 그리워하다니 무슨 청승이냐고 할지 모르나, 가장 가까이 있는 것과 가장 값싼 모습으로 언제나 그

자리에 있는 것을 그리워 할 줄 모르는 사람은 어떤 그리움도 느낄 자격이 없는 사람이다. 오늘밤엔 자고 있는 아내의 모습을 한번 살펴볼 일이다. '허구한 날, 잠만 자고 있다'고 짜증내던 마음을 버리고 피곤에 지쳐 웅크린 채 자고 있는 작아진 아내의 모습을 한번 보도록 하자. 가슴에 슬픔 같은 그리움이 몰려올 것이다.

아내, 어찌 그리운 사람이 아니랴! 보고 있어도 보고 싶고, 옆에 있어도 그리운 그런 아내를 갖는 건 아내의 일이 아니라, 순전히 나의 일이다.

帶 : 띠 대(※허리띠를 비롯한 몸에 두르는 띠를 뜻함)
漸 : 점점 점(※물이 스며들 듯이 점차 변해가는 모습을 나타내는 글자)
寬 : 넓을 관
悔 : 후회할 회
伊 : 너 이, 저 이(※2인칭을 칭하는 글자)
消 : 녹을 소, 소진할 소(※녹거나 닳아서 점점 없어짐을 뜻하는 글자)
憔 : 파리할 초
悴 : 야윌 췌

6. 함께 있다는 것

> 忽見陌頭楊柳色하고
> 홀 견 맥 두 양 류 색
> 悔敎夫婿覓封侯라.
> 회 교 부 서 멱 봉 후

어느 날
문득
길가의 버드나무를 보았어요.
어느새
푸르게 변해 있더라고요.

갑자기
벼슬길 찾아 떠난
남편이 그리워졌어요.
벼슬 같은 거
안 해도 좋으니
그저
늘 함께 살자고 할 걸……

당나라 때의 시인인 왕창령(王昌齡)의 칠언절구 시 「규원(閨怨)」의 끝 두 구절이다.

이 시의 처음 두 구절은 다음과 같다.

안방에만 묻혀 살던 철부지 젊은 아낙,
수심이 뭔지 조차 모르는 채 살다가
어느 봄날
곱게 화장하고 누대에 올라왔네.
(閨中少婦不知愁, 新粧宜面上翠樓)

이렇게 누대에 올라온 젊은 댁의 눈에 무르익은 봄 풍경이 들어왔다. 아지랑이는 피어오르고, 사방에 꽃도 자지러지게 피어 있으며, 버드나무는 물이 올라 터질 듯이 싱그럽다.
아! 봄.
그간엔 너무 철부지라서 남편이 그리운 줄도 몰랐었는데 이 무르익은 봄 풍경 앞에 서고 보니 갑자기 남편이 사무치게 그립다. 그리운 남편, 그러나 지금 남편은 곁에 없다. 높은 벼슬해서 돌아오겠다는 말을 남기고 서울로 떠난 지 벌써 수년이다. 그 때 떠난다고 할 때는 그저 남편의 성공을 비는 것이 아내의 당연한 도리로 알고 아무 생각 없이 잘 다녀오라고만 했었다. 그리움의 아픔이 어떤 것인지 전혀 모르는 철부지였기에…….

그런데 오늘 싱싱하게 물이 오르는 버드나무를 보니 갑자기 왜 그리도 남편이 그리운지. "높은 벼슬도 돈도 다 싫으니 그냥 함께 있자"고 할 걸. 후회해 봐도 소용이 없다. 왕창령이라는 시인의 눈에 비친 젊은 아낙의 그리움이 너무 생생하다. 함께 있다는 것, 그 자체가 행복이다.

忽 : 갑자기 홀	陌 : 길 맥	頭 : 머리 두
悔 : 후회할 회	敎 : 하여금 교	婿 : 남편 서
覓 : 찾을 멱	封 : 봉할 봉	侯 : 제후 후

7. 눈물 어린 눈으로 꽃에게 물어도

淚眼問花花不語하고 亂紅飛過鞦韆去라.
누 안 문 화 화 불 어   난 홍 비 과 추 천 거

눈물 어린 눈으로
꽃에게 물어도
꽃은 말이 없고,

흩날리는 꽃잎만
뜰의 한 모퉁이에 매여 있는
텅 빈 그네 가로 날려 가네.

송나라 때의 문인인
구양수(歐陽脩)의 사(詞)
「접련화(蝶戀花)」의
마지막 구절이다.

꽃이 진다. 지는 꽃 따라 가는 세월, 가는 청춘이 아쉬워 눈물어린 눈으로 꽃에게 물어도 꽃은 말이 없다. 왜 지느냐고 물어도 말이 없고, 이렇게 또 봄이 가는데 내 사랑은 언제 오느냐고 물어도 말이 없다. 그저 붉은 꽃잎만 뚝뚝 떨어뜨리고 있다. 그리고 떨어진 꽃잎은 불어오는 바람에 실려 뜰의 한 쪽에 매어있는 작은 그네 가로 날아가고 있다. 고독이 물씬 묻어나는 애절한 사구詞句이다.

지는 꽃이 오죽 아쉬웠으면 김영랑 시인은 "모란이 지고 나면 그뿐, 내 한 해는 다 가고 말아"라고 읊었을까? '제 설움에 운다'는 말이 있다. 부모님의 영전에서 슬피 우는 까닭이 떠나보내는 부모님에 대한 아쉬움 때문이라기보다는 제가 처한 처지가 서러워 운다는 뜻이다. 지는 꽃이 그렇게 큰 아쉬움으로 다가오는 것도 꽃이 처량해서가 아니라 내가 고독하기 때문일 것이다.

허전하고 슬픈 마음으로 세상을 보면 화려한 것일수록 더 슬프게 보인다. 지는 꽃이 특별히 아쉬운 것도 초라한 내 모습에 비해 꽃이 너무 화려하기 때문이다. 눈물 어린 눈으로 꽃을 보내지 않기 위해서는 내 마음이 허전하지 않아야 한다. 가는 봄을 웃음으로 보낼 수 있도록 내 마음을 꽉 채우자. 이 세상 무엇보다도 소중한 나 자신의 모습을 다시 보도록 하자.

淚 : 눈물 루(누)
眼 : 눈 안
語 : 말씀 어, 말할 어
亂 : 어지러울 난(※여기서는 제멋대로 바람에 날려 떨어지는 꽃잎을 어지럽다고 묘사함)
過 : 지낼 과, 허물 과(※여기서는 스쳐 지나간다는 뜻으로 쓰임)
鞦 : 그네 추
韆 : 그네 천(※그네의 한자어인 鞦韆은 더러 '秋遷'이라고 쓰기도 함)

8. 정情

> 問世間하여 情是何物인고? 하면
> 문 세 간   정 시 하 물
> 直教生死相許라 하리라.
> 직 교 생 사 상 허

세상을 향해 묻습니다.
"정情이란 무엇이냐?"고

나는 대답할 것입니다.

"우리로 하여금
아무런 망설임도 없이
삶과 죽음을 서로 허락하는 것,
그것이 바로 정"이라고.

금(金)나라 사람 원호문(元好問)이 쓴 「매파당(邁陂塘)」이라는 산곡(散曲)작품에 나오는 말이다.

생사와 고락을 같이 할 수 있어야 진정한 정이라고 할 수 있다. 좋을 때면 간도 서로 빼줄 정도로 좋다가 상대가 어려움에 빠졌을 때는 슬쩍 외면해 버리는 것은 결코 정이 아니다. 그런데 요즈음 일부 젊은이들은 부부간에도 이혼에 대비하여 재산관리를 따로 하는 경우가 있다고 한다. 그렇게 살면서도 서로 '사랑한다'는 말은 누구보다도 더 잘한다. 정말 사랑해서 그런 것일까? 아니면 불안하니까 그냥 입버릇처럼 하는 말일까? 아주 작은 물건 하나를 사면서도 '우리'의 살림을 장만한다는 기쁨에 가슴이 설레었던 구세대(?) 부부들의 입장에서 본다면 이들 젊은 부부는 부부로 보이지도 않을 것 같다. 심지어는 재산을 얻기 위해 돈이 많은 남자와 정략적으로 결혼했다가 2, 3년 후에 이혼하면서 위자료를 많이 받아 가지고 다시 아무 일도 없었다는 듯이 다른 남자와 결혼하는 여자도 있다. "어떠한 경우에라도 서로 사랑하겠느냐?"고 묻는 주례의 말에 "네!"하고 크게 대답한 것은 사람을 사랑하겠다는 뜻이 아니라 그 사람이 가진 돈을 사랑하겠다는 뜻이었단 말인가? 정情! 죽음이 우리를 갈라놓더라도 우리의 정은 변할 수 없다고 맹세하는 사람은 돈이 없어도 행복하다.

情 : 뜻 정　　　直 : 곧 직
許 : 허락할 허　　敎 : 가르칠 교(※ '~를 ~라고 하다'라는 뜻도 있음)

9. 딜라일라

嫦娥應悔偸靈藥하여 碧海靑天夜夜心이리라.
항 아 응 회 투 영 약   벽 해 청 천 야 야 심

항아嫦娥는 밤이면 밤마다
그 남자가 준비해 두었던
신비의 영약을 두 알씩이나
다 훔쳐 먹은 것을
후회하고 있을 것이다.

푸른 하늘이
푸른 바다처럼 펼쳐져

단지 보이는 건
그 푸른 바다뿐인
외로운 월궁月宮 안에서.

당나라 말기의 시인인
이상은(李商隱)의 시
「항아(嫦娥)」의 끝
두 구절이다.

중국의 신화 가운데 10개의 태양 중 9개의 태양을 활로 쏘아 떨어뜨려 세상을 구한 사람의 이야기가 있다. 이야기 속의 활 잘 쏘는 사나이가 후예后羿이고 그의 아내가 항아嫦娥이다.

당시 최고의 미녀였던 항아는 탁월한 능력자인 후예와 결혼하여 무척 행복했다. 후예는 항아에게 다른 여자들은 꿈도 꿀 수 없는 물질적 풍요를 안겨 주었고 또 넘치는 힘으로 항아를 안아주곤 하였다. 그러나 후예도 늙음을 막을 수는 없었다. 미인이라는 자만에 빠진 항아는 늙고 능력 없는 후예가 싫어지기 시작했다. 후예는 괴로웠다.

그런데 후예에게는 먹으면 달나라에 가서 영원히 살 수 있는 신비의 영약 두 알이 있었다. 후예는 말년에 항아와 함께 그 약을 한 알씩 나누어 먹고 달나라에 가서 살 생각이었다. 그런데 후예에게 싫증을 느낀 항아는 후예의 이 약을 훔쳤다. 그리곤 후예가 따라 오지 못하도록 약 두 알을 혼자 다 먹고서 달나라로 가버렸다. 자신의 미모라면 달나라에서도 얼마든지 멋진 남자를 만날 수 있으리라는 생각에서 그렇게 늙은 후예를 버리고 달나라로 가 버린 것이다.

화려한 월궁. 막상 와보니 거기엔 항아 자신 외에는 아무도 없었다. 아! 외로운 항아! 그 긴 세월 동안 밤이면 밤마다 약을 훔쳐 두 알이나 다 먹어버린 것을 후회하지만 후예를 다시 불러올 수는 없었다. 혼자서 월궁에 앉아 형벌보다 더 무서운 외로움 속에서 살 수밖에 없었다.

달이 시리게 밝은 밤이면 달을 보도록 하자. 부부가 함께 달빛을 보며 사랑이 무엇인지를 깊이 생각해 보자.

嫦 : 항아 항

娥 : 예쁠 아(※嫦娥를 '姮娥'라고도 씀)

應 : 응할 응

悔 : 후회할 회

偸 : 훔칠 투

靈 : 신령스러울 령(영)(※靈藥은 신비한 힘을 발휘할 수 있는 영험한 약을 말함)

10. 가을비와 오동잎

秋雨梧桐葉落時에
추 우 오 동 엽 락 시

가을비에
오동잎이
툭
툭
떨어질 때

당나라 때의 시인인 백거이(白居易)의 「장한가(長恨歌)」에 나오는 구절이다.

장한가長恨歌는 당 현종과 양귀비의 사랑을 노래한 장편의 서사시로서 구구절절 평이하면서도 아름다운 시어詩語와 애절하면서도 긴장감 넘치는 극적 전개로 인하여 널리 인구에 회자되는 명편이다.

집권 초반에는 후대의 역사가들에 의해 이른바 '개원開元의 치治'라는 평을 들을 정도로 훌륭한 정치를 했던 당나라의 현종은 어느 날 궁중에서 한 여인을 만난 후로는 모든 것을 다 버리고 오로지 그 여인에게만 빠지게 된다. 그 여인이 바로 양귀비이다. 본명은 양옥환楊玉環, 자字는 태진太眞이다. 본래 현종의 아들인 수왕壽王의 첩으로 들어왔던 여자이다. 그러나 이 여인의 미모에 반한 당 현종은 여인을 궁 밖으로 내보내 한동안 어느 도교 사원에서 도를 닦는 도사 행세를 하며 살게 하다가 어느 날 다시 궁으로 불러와 자신의 첩으로 삼아 '귀비貴妃'라는 지위를 부여한다. '천하절색 양귀비'는 이렇게 탄생된다.

양귀비와의 사랑에 빠진 당 현종은 정치를 전혀 돌보지 않다가 결국은 변방 수비를 맡고 있던 장수인 안록산安祿山의 난을 맞게 된다. 나라는 풍비박산이 나고 현종은 몇 명되지 않는 초라한 군대의 호위를 받으며 중국 서남쪽에 자리한 오지인 촉蜀(오늘날의 사천성 일대)으로 피난을 간다.

황제의 행렬이 마외馬嵬라는 곳에 이르렀을 때 호위하던 병사들이 갑자기 행군을 멈추더니만 황제에게 대든다. 저 요망한 계집 양귀비 때문에 나라가 이 모양이 되었으니 당장 양귀비를 죽이라고 한다. 양귀비를 죽이지 않는 한 더 이상 황제를 모실 수 없다고 협박도 한다. 이미 권위를 잃은 현종은 자신이 사랑하는 여인 하나도 지킬 힘이 없었다. 결국 양귀비는 병사들에게 끌려가 비참한 죽음을 당하였다. 목을 매어 자살을 했다는 설도 있고, 시장에 내걸린 채 돌팔매를 맞아 죽었다는 설도 있으며, 육시의 형을 받았다는 설도 있다.

양귀비는 그렇게 죽고 안록산의 난은 평정되었다. 피난을 갔던 현종도 다시 장안의 황궁으로 돌아왔다. 그러나 현종은 삶에 뜻을 둘 수가 없었다. 그에게 양귀비가 없다는 것은 죽음을 의미하는 것이었다. 그는 날마다 울었다. 그리고 양귀비를 데려오라며 몸부림을 쳤다.

백거이의 장한가는 당 현종과 양귀비의 이러한 사랑 내력을 극적으로 표현한 장편의 서사시이다. 백거이는 죽은 양귀비를 그리워하는 당 현종의 모습을 '봄바람에 복숭아꽃 오얏꽃이 피는 날에도, 가을비에 오동잎이 지는 때에도(春風桃李花開日, 秋雨梧桐葉落時) 눈물로 세월을 보낸다'고 묘사하였다. 참으로 처량한 대목이다.

그런데 우리나라에선 춘향전을 배경으로 형성된 유명한 단가短歌인 '쑥대머리'에서 장한가의 이 대목을 인용하여 이몽룡을 그리는 춘향이의 마음을 '추우오동엽락시秋雨梧桐葉落時에 잎만 떨어져도 임의 생각……'이라는 말로 묘사하고 있다.

추연히 내리는 가을비를 맞으며 떨어지는 오동잎은 유난히 사람을 슬프게 한다. 오동잎은 매우 넓고 두껍다. 잎이 넓고 두꺼운 만큼 녹음도 짙푸르다. 그러나 일단 가을바람이 불기 시작하면 오동잎은 맥을 못 춘다. 그 큰 나뭇잎이 창백한 회갈색으로 변하다가 어느 날 갑자기 '툭'하고 떨어진다. 사람들은 그렇게 '툭'하고 오동잎이 지는 소리에 가슴이 덜컥 내려앉는다. 그리고 내려앉은 가슴을 안고 마음속으로 외친다.

'아! 가을이 저무는구나…….'

낙엽 지는 소리로 인하여 더 슬픈 가을엔 "내가 만일에 임을 못 보고 옥중 원혼이 되거들랑 무덤 앞에 서 있는 나무는 상사목이 될 것이고, 무덤 앞에 서 있는 돌은 망부석이 될 것이니 생전사후生前死後 이 원통을 알아줄 이가 뉘 있더란 말이냐 퍼버리고 앉아 울음을 운다."고 절규하는 듯한 목소리로 판소리 가락을 풀어놓는 임방울 명창의 쑥대머리 가락을 곁들여 딱 한 잔한다면 가을의 슬픔이 다소 가실 수 있을까?

梧 : 오동 오   桐 : 오동 동
葉 : 잎사귀 엽   落 : 떨어질 낙

11. 끊어야 할 사랑

當斷不斷이면 反受其亂이라.
당 단 부 단   반 수 기 란

(사랑은
잇고 이어가는 것이다.

그러나
사랑은
다
잇기만 하는 것은 아니다)

마땅히
끊어야 할 때는 끊어야 한다.

끊어야 할 때 끊지 않으면
도리어
끊지 않은 것이 만들어 내는
아픔을 받게 된다.

사마천이 쓴 『사기(史記)』의 「제도혜왕세가(齊悼惠王世家)」에 인용된 옛 말이다.

(괄호 안은 의미전달을 위해 내용을 덧붙임_편저자)

사람이 살아가면서 과감하게 끊어야 할 것이 몇 가지 있다. 그 중 대표적인 것이 바로 나쁜 버릇과 잘못된 인간관계이다. 이미 몸에 익어 있다는 이유로 나쁜 버릇을 잘라내지 못하면 필경 그 나쁜 버릇으로 인하여 큰 화를 당하게 된다.

흡연이 나쁜 습관인 줄 알면서도 몸에 밴 습관이라는 이유로 담배를 끊지 못하면 종국엔 건강을 해치게 되며, 과다한 음주를 대수롭게 여기지 않다가는 끝내 패가망신하게 된다. 도박에서 손을 떼야겠다는 생각을 하면서도 빠져나오지 못하면 결국은 파멸을 맞게 되고, 마약을 끊지 못하면 비참한 종말을 맞게 된다.

습관뿐 아니라 인간관계도 끊을 건 끊어야 한다. 사람이 사람을 사귀는 일은 좋은 일이지만 사귀지 않아야 할 사람을 사귀거나 만나지 않아야 할 사람을 만나는 것은 죄악이 될 수도 있다. 그래서 부적절한 관계는 처음부터 맺지 말아야 하고 만약 실수로 잘못된 만남을 갖게 되었다면 실수인 것을 안 순간 단호하게 관계를 끊어야 한다. 마땅히 잘라야 할 때 자르지 못하면 결국은 자르지 못한 그것으로 인하여 파멸을 맞게 되기 때문이다.

끊기 위해 노력하는 사람이야말로 사랑을 지키는 사람이다. 담배를 그처럼 사랑했었는데 이제 담배와의 관계를 끊어야겠다고 생각하는 사람은 자신과 가족과 친구를 더욱 뜨겁게 사랑하기 위해서 그렇게 끊을 결심을 한 것이다. 사랑을 아는 사람은 이을 것과 끊을 것을 잘 구별한다. 필요하지 않은 것은 단호하게 끊는 것이 진정한 사랑임을 알기 때문이다. 그리고 사랑을 아는 사람은 일단 끊기로 마음먹은 바에야 '작심삼일作心三日'이라는 부끄러운 일을 하지 않아야 함을 너무나도 잘 안다.

| 當 : 마땅 당 | 斷 : 끊을 단 | 反 : 도리어 반 |
| 受 : 받을 수 | 亂 : 어지러울 난 | |

12. 서시西施보다도 예쁜 나의 사람아

情人眼裏出西施라.
정 인 안 리 출 서 시

사랑하는 사람의 눈에는
사랑하는 사람의 눈에는

그녀가
항상
서시西施로
보인다.

청나라 사람 조설근(曹雪斤)이 지은 장편소설인 『홍루몽(紅樓夢)』 제79회에 나오는 말이다.

서시西施는 양귀비, 초선, 왕소군과 더불어 중국 4대 미녀의 한 사람으로서 월越나라의 왕 구천句踐의 심복 부하인 범려范蠡에게 발탁되어 미인계 교육을 받은 후 구천의 원수인 오吳나라의 왕 부차夫差를 유혹하라는 임무를 띠고 부차에게 보내진 슬픈 운명의 미인이다. 서시가 부차를 유혹하여 오나라의 정치를 완전히 문란하게 하는 사이에 구천은 그 유명한 '와신상담臥薪嘗膽(껄끄러운 섶나무 위에서 자고 쓸개의 쓴맛을 매일 맛보며 복수의 이를 갈았다는 고사)'을 실천하며 부차를 공격할 날을 기다렸다.

드디어 부차를 여색과 음주에 빠지게 하여 완전히 무기력한 왕으로 만들어 놓은 서시로부터 오나라를 칠 때가 되었다는 연락이 왔다. 연락을 받은 구천은 단숨에 오나라를 격파하여 원수를 갚는다.

총명하고 용맹스러웠던 오나라의 왕 부차를 사로잡은 서시! 그런데 과연 서시와 같은 미인은 과거의 역사 속에만 존재하는 것일까? 아니다. 사랑이 있는 한 나의 여인은 서시보다도 더 예쁘다. 그대 가슴에 사랑이 불타고 있으면 그대의 아내는 백 사람의 서시가 가진 아름다움을 다 합쳐 놓은 것보다도 더 아름다울 것이요, 그대의 가슴에 사랑이 없으면 서시 같은 아내도 추녀로 보일 것이다. 남의 아내와 비교하여 나의 아내를 볼품없다고 생각하는 자, 그대는 '사랑의 눈을 잃은 심각한 근시'라네.

情 : 뜻 정, 정들 정   眼 : 눈 안
裏 : 속 리   施 : 베풀 시

13. 그저 바라보기만 할 뿐

> 相思如明月 하여　可望不可攀이라.
> 상 사 여 명 월　　　　가 망 불 가 반

서로

그리는

상사相思의 정은

마치

밝은 달과 같아서

바라볼 수만 있을 뿐

오를 수가 없다네.

> 이백의 시
> 「자량원지경정산(自梁園 至敬亭山, 양원으로부터 경정산으로 오면서)」의 한 구절이다.

    진정으로 사랑하는 사람은 오히려 곁에 가기가 두렵고 만나기가 두렵다. 그저 멀리 두고 바라만 보고 싶다. 애타게 그리워한 사랑, 막상 만나보면 꿈이 깨져 버릴까봐 만나기가 두려운 것이다.
    물속에서 피는 연꽃이 여느 꽃보다도 맑고 깨끗하며 아름다운 까닭은 그것이 물속에 있어서 가까이 할 수 없기 때문이다. 아름다운 장미꽃이 아무리 가시가 있다 해도 우리가 장미꽃에 접근할 수 없는 것은 아니다. 다가가 코를 들이대고 벌름거리며 향기를 맡을 수도 있고, 보드라운 꽃잎을 만질 수도 있으며 심지어는 꺾을 수도 있다. 그러나 연꽃은 물속 저만치에서 피기 때문에 쉽게 다가갈 수가 없다. 멀리 두고서 바라보기만 해야 한다. 그래서 연꽃이 그렇게 청수하고 아름다운 것이다. 연꽃의 이런 아름다움을 송나라 때의 학자인 주돈이周敦頤는 "가히 멀리 두고 볼 수는 있어도 외설스럽게 가지고 놀 수는 없는 아름다움"이라고 표현하였다.

사랑! 그것은 어느 정도 거리를 유지하는 것이다. 거리가 없이 그저 달라붙어 있는 사랑은 얼마 가지 못해서 깨질 가능성이 많다. 정상에 오르고 나면 내려가는 일밖에 없듯이 사랑도 한 치의 틈도 없이 달라붙어 버린 다음에는 떨어지는 일밖에는 없다.

진정한 사랑은 달을 보듯 거리를 두고 바라보는 것임을 알아야 한다. 애써 달에까지 오르려 하지 말아야 하는 것이다.

相 : 서로 상　　　　　　　思 : 생각 사
望 : 바라볼 망　　　　　　攀 : 기어오를 반

14. 그리움이 꽃처럼 불타니

春心莫共花爭發하라 一寸相思一寸灰니라.
춘 심 막 공 화 쟁 발　　일 촌 상 사 일 촌 회

그리운 마음아!
꽃과 다투기라도 하듯
꽃처럼
그렇게
피어나지 말거라.

한 마디
그리움에

그대로

한 마디
재가 되어버리는
이 내 마음이란다.

당나라 말기의 시인인
이상은(李商隱)의 여러
「무제(無題)」시 중의 한 수에
나오는 구절이다.

시인 이상은李商隱은 너무 여린 마음에 평소 이루지 못할 짝사랑을 많이 하였다고 한다. 그런 이루지 못할 짝사랑을 한 탓에 상대방의 신분이 노출될까 봐 사랑의 감정을 글로도 제대로 표현할 수 없었고 특히 글에 제목을 붙일 수가 없었다. 이런 이유로 그의 시 중에는 무제無題시가 많다고 한다(물론 이러한 견해에 동의하지 않는 사람도 있다). 그런데 이 무제시의 내용이 너무나도 아름다우면서도 사연이 절실하고 안타까워서 읽는 이로 하여금 눈시울이 젖게 할 정도이다. 그래서 사람들은 이상은을 일러 만당晩唐 시기 유미주의 문학 조류를 대표하는 시인이라고 한다.

누가 말했던가? 이 세상에서 가장 순수하고 아름다운 사랑은 짝사랑이라고. 붉게 피어나는 그리움에 가슴은 다 타버려서 재가 되고 있는데 오늘도 말은 못하고 가슴에만 묻어두고 있는 사랑. 받고 싶은 건 아무 것도 없고 무엇이든지 주고만 싶은 사랑. 그것이 진짜 사랑이다. 내 마음을 몰라준다고 투정을 부리는 사랑, "너만 사랑한다"며 매달리는 사랑, 이런 사랑은 사랑이 아니다. 사랑은 그저 주기만 하는 것이다. 받지 않아도 한결같이 그저 주기만 하는 것이다. 이런 사랑의 감정을 김일로 시인은 "주어도 받질 않는 정, 도토리라도 쥐어 줄 걸"이라고 표현하였다. 무르익어 가고 있는 이 봄에 터질 듯 봉오리 맺힌 사랑들이 꽃으로 활짝 피어나길 빈다.

春心 : '그리는 마음'이란 뜻　　　莫 : 말 막
共 : 함께 공　　　　　　　　　爭 : 다툴 쟁
發 : 필 발　　　　　　　　　　灰 : 재 회

15. 네 마음과 내 마음을 바꾸어 보니

換我心하여 爲你心하니 始知相憶深이라.
환 아 심　　위 니 심　　시 지 상 억 심

내 마음을
바꾸어
네 마음이 되고 보니
비로소
서로 그리워함이
이렇게
깊었음을 알겠네.

중국의 오대(五代) 시절
후촉(後蜀)사람 고경(顧夐)이 쓴
「소충정(訴衷情), 나의 충정을
하소연함」이라는 사(詞)의
한 구절이다.

'역지사지易地思之'라는 말이 있다. 입장을 바꾸어 생각해 본다는 뜻이다. 상대방을 이해하는 데 이보다 더 좋은 방법은 없다. 내가 상대방의 입장이 되어 보면 상대가 겪던 고통, 슬픔, 기쁨을 모두 내가 느껴 볼 수 있기 때문에 상대에 대한 이해는 저절로 될 수밖에 없는 것이다.

그런데 역지사지, 즉 입장을 완전히 바꾸어서 생각해 본다는 것은 결코 쉽지 않다. 누가 그리 쉽게 상대방의 입장이 되어보려고 하느냔 말이다. 그래서 세상에는 섭섭함이 있고, 억울함이 있고, 답답함이 있고, 다툼이 있다. 친구 사이에도 절교가 있고, 부부간에도 헤어짐이 있고, 형제간에도 다툼이 있으며, 심지어는 부모와 자식 사이에도 왕래가 없이 사는 사람이 있다.

수년 전, TV광고를 통해 "저도 알고 보면 부드러운 여자예요"라는 말이 크게 유행한 적이 있다. 알고 보면 사람들은 다 따뜻한 마음을 가지고 있다. 세상을 감동시킬 수 있는 뜨거운 이야기를 간직한 채 살아가고 있다. 다만 그 가슴을 열지 않고 또 그 가슴으로 상대를 받아들이려 하지 않기 때문에 불행이 계속될 뿐이다.

이제 네 마음과 내 마음을 바꾸어 보도록 하자. 그러면 내가 당신을 얼마나 깊이 사랑하고 당신이 나를 또한 얼마나 깊이 생각하고 있었는지를 발견하게 될 것이다.

換 : 바꿀 환 　　　　　　你 : 너 니(이)
始 : 비로소 시 　　　　　憶 : 생각할 억
深 : 깊을 심

16. 하늘, 땅이 다하여도

天涯地角有窮時나 只有相思無盡處라.
천 애 지 각 유 궁 시　　지 유 상 사 무 진 처

하늘 끝도
땅 모서리도
다할 때가 있겠지요.

(허나,
어쩌면 좋아요,
어쩌면 좋아요?)

다만,
이 그리움은
다할 곳이 없으니…….

송나라 사람 안수(晏殊)가 쓴 『옥루춘(玉樓春)』이라는 사(詞)의 한 구절이다.

(괄호 안은 의미전달을 위해 내용을 덧붙임_편저자)

　사람들은 흔히 하늘 끝도 없고 땅 끝도 없다고 말하지만, 사실은 수평선이 곧 하늘 끝이고 산봉우리 능선이 곧 땅 끝이다. 길은 안 다니면 잡초에 묻히게 되고, 사람은 보지 않으면 잊기 마련인데 내가 볼 수 있는 곳은 수평선과 능선까지일 뿐이다. 그러므로 수평선은 하늘 끝이고, 산봉우리 능선은 땅 끝이다.

한 때 그처럼 사랑했던 사람이라도 그 사람이 일단 수평선 너머로 사라지고 나면 그로부터 차츰 사람들은 대개 그 사람을 잊어 가게 된다. 그렇게 사랑했던 임이라도 산을 넘고 나면 그 임도 얼마 후면 잊게 된다. 못 잊는다고, 못 잊는다고, 죽어도 못 잊는다고 말을 하다가도 세월이 가면 차츰 잊게 된다. 그래서 세상에는 '세월이 약'이라는 말이 있다.

그러나 아무리 수평선 너머로 사라지고 산 너머로 가버려도 영원히 잊혀지지 않는 사랑이 있다. 차라리 하늘 끝과 땅 모서리는 다할지언정 영원히 다하지 않는 그리움이 있는 그런 사랑이 있다. 그게 진정한 사랑이다. "떠났다고 보냈으랴!" 자식을 보낸 어머니의 마음, 정말 "떠났다고 보냈으랴!" 떠나고 또 떠나고 천만 번을 떠나도 내가 보내지 않는 사랑, 화내지도 않고 원망하지도 않으며 그저 담담하고 평안한 가운데 내가 보내지 않은 그런 사랑, 그게 진정한 사랑인 것이다. 사랑! 함부로 보낼 일도 떠날 일도 아니다. 만난 지 100일 기념 이벤트를 즐기는 요즘 젊은 연인들이여! 먼저 진정한 사랑의 의미를 알도록 하자.

| 涯 : 갓(가장자리) 애 | 角 : 모서리 각 | 窮 : 다할 궁 |
| 只 : 다만 지 | 盡 : 다할 진 | 處 : 곳 처 |

17. 이러지도 저러지도

欲寄君衣君不還하고 不寄君衣君又寒이라
　욕 기 군 의 군 불 환　　　불 기 군 의 군 우 한
　　　寄與不寄間에 妾身千萬難이라.
　　　　기 여 불 기 간　　첩 신 천 만 난

당신께 옷을 부쳐 드리고 싶어요.
그러나
그 옷을 받은 후,
'이제 따뜻하니 됐다'며
당신이 돌아오지 않으면 어떻게 해요.

당신께 옷을 부치지 않기로 했어요.
그러나 옷이 없어서
당신이 추위에 떨면 어떻게 해요.

옷을 부쳐야 할지
안 부쳐야 할지
그 사이에서
이 내 몸은 천만 가지 어려움을 겪고 있어요.

원나라 사람 요수(姚燧)의 산곡(散曲) 작품 「월조빙란인·기정의(越調憑闌人·寄征衣)」전문(全文)이다.

남편 생각으로 애타는 여인의 마음을 잘 표현한 노래 가사이다. 남자는 정말 고삐(?)를 늦추지 말고 항상 꽉 쥐고서 감시를 해야만 하는 존재인가? 남편에게 옷도 잘 입히고 또 용모도 잘 다듬어서 내보내는 아내를 두고 아내의 친구들은 더러 그런 얘기를 한다고 한다.

"정신 차려라. 누구 좋으라고 네 남편 저렇게 멋지게 차려 내보내는 거니? 다른 여자가 눈독 들이면 그 눈독을 싫다고 할 남자가 세상에 어디 있다던?"

정말 그럴까? 다른 여자가 관심을 가질까 염려되어 남편은 항상 적당히 후줄근하게 분장(?)을 시켜야 할 필요가 있는 것일까? 남편에게 좋은 옷을 사주면 밖으로 돌까 두렵고, 그렇다고 해서 옷을 사주지 않자니 후줄근한 모습이 보기 싫은 게 여자의 마음일까? 만약 여성들에게 그러한 마음이 있다면 그건 순전히 남자의 잘못으로부터 비롯된 것이다. 사랑은 믿음이다. 남자들이 반성해야 한다. 그리고 사랑은 풍부한 정신적 양식을 양분으로 삼아서 자란다. 하루하루의 삶을 정신을 살찌우는 데 써보라. 육신을 편안히 기댈 곳은 아내 하나면 너무 충분하다는 것을 느끼게 될 것이다.

欲 : 하고자 할 욕　　寄 : 부칠 기　　　君 : 그대 군
還 : 돌아올 환　　　　與 : 더불 여(~와)
妾 : 첩 첩(※'첩'은 아내가 남편에 대해 자신을 낮춰 말할 때 쓰는 말이기도 함)

18. 그대 맘도 내 맘 같기를

只願君心似我心하여　定不負相思意였으면
지 원 군 심 사 아 심　　　정 불 부 상 사 의

단지
원하기로는
그대의 마음도
내 마음 같아서
꼭
내가 그대를
그리워하는 만큼만
그리워하소서.

그리워하는 이 마음을
반드시
저버리지 마옵소서.

송나라 사람 이지의(李之義)의
사(詞) 「복산자(卜算子)」의
한 구절이다.

상대에게 사랑을 강요할 수는 없지만 소망할 수는 있다. 내 마음을 알아달라고 강요할 수는 없지만 '내 마음을 알아줬으면'하고 간절히 소망할 수는 있는 것이다. 그래서 사랑은 비는 것이다. 어디를 향해 빌면 될까? 멋없고 재미없게 사랑하는 사람에게 직접 대놓고 비는 것이 아니라 달님에게 빌고, 별님에게 빌고, 바람을 향해 빌고, 흘러가는 구름을 향해서 "그이로 하여금 내 마음을 알게 해 달라"고 비는 것이 바로 사랑인 것이다. 더도 말고 덜도 말고 꼭 내가 그이를 그리워하는 만큼만 그이도 나를 그리워하게 해 달라고 비는 것이 사랑인 것이다.

빌지 않는 사랑은 아름답지 않다. 직접 터놓고 이야기하는 사랑은 비는 곳이 없기 때문에 여유 공간이 없다. 그래서 깨지기 쉽다. 달님을 통해, 별님을 통해 돌아서 전달되는 그런 회전 공간이 없이 그저 '쾅'하고 맞부딪쳐서 '찰싹'하고 달라붙기 때문에 여유 공간이 없다. 그런 사랑은 붙기 아니면, 떨어지기가 있을 뿐이다. 그래서 떨어지는 순간이 곧 끝나는 순간이 되고 만다. 사랑한다면 간절히 빌어야 한다. '단지 원하기로는 그대의 마음도 내 마음과 같아서 꼭 그리워하는 이 마음을 저버리지 않았으면' 하는 생각으로 달을 보면 달을 향해, 별을 보면 별을 향해, 꽃을 보면 꽃을 향해 그렇게 빌어야 하는 것이다. 세상에 비는 마음처럼 순수한 마음으로 사랑하자.

只 : 다만 지　　　願 : 원할 원　　　君 : 그대 군
似 : 같을 사　　　定 : 정할 정　　　負 : 저버릴 부

19. 참된 정情, 참된 재주才

情必近于癡而始眞하고　才必兼乎趣而始化라.
정 필 근 우 치 이 시 진　　　재 필 겸 호 취 이 시 화

정情은
똑똑한 게 아니에요.
따지는 것도 아니에요.
정은
바보에요.
그대의 말이라면 반드시 다 믿는
그런 바보가 되었을 때
그게 바로
참된 정이에요.

청나라 사람 장조(張潮)가
쓴 『유몽영(幽夢影)』이라는
책에 나오는 말이다.

재주는
약간 잘하는 게 아니에요.
몸에 익어 취미가 된 재주라야
비로소
재주라고 할 수 있대요.

오래 전에 유행했던 어떤 가수의 노래 가운데 "사랑을 할 때면 누구나 바보가 되지요"라는 가사가 있었던 것 같다. 사랑 앞에서 바보가 되지 않으면 그것은 사랑이 아니다. 사랑하는 사람의 말이라면 설명이 없어도 그저 믿음이 가고 사랑하는 사람이 하는 일이라면 따져볼 겨를도 없이 그저 좋기만 해야 그게 사랑이다. 로미오와 줄리엣이 양가 사이가 원수지간이라는 현실적인 조건을 따지고 계산했다면 그런 뜨거운 사랑을 할 수 있었을까? 사랑은 설명과 이해로 이루어지는 것이 아니라 어리석은 기쁨으로 이루어진다.

일과 재주에 대한 열정 또한 사랑에 대한 열정 못지않게 뜨거워야 한다. 단순히 남보다 조금 낫다고 해서 그것을 재주라고 할 수는 없다. 너무 좋아한 나머지 거기에 몰두하여 생활의 일부로 즐기는 취미가 되어버린 재주라야 비로소 완전히 자기 것이 된 재주라고 할 수 있다.

사랑이든 재주든 어설픈 상태로 엉거주춤하고 있어서는 안 된다. 불같은 열정으로 확실하게 덤벼들고, 확실하게 몸을 불태울 수 있을 때 비로소 사랑이 되고 재주가 된다. 세상에 뜨겁지 않은 가슴으로 이루어지는 일이 어디 있으랴!

안도현 시인은 이렇게 말했다. "연탄재 함부로 차지 마라, 넌 누굴 위해 한번이라도 그렇게 뜨거워 본 적이 있느냐?"

| 近 : 가까울 근 | 癡 : 어리석을 치 | 始 : 비로소 시 |
| 兼 : 겸할 겸 | 趣 : 취미 취 | 化 : 될 화 |

20. 내 안에 네가 있고 네 안에 내가 있어

> 我泥中有你하고 你泥中有我라.
> 아 니 중 유 니   니 니 중 유 아

(한 덩이의 진흙을 빚어
당신의 모습도 만들고
내 모습도 만들어 보리.
만일 그것들이 부서진다면
그 흙을 다시 물에 개어
또 당신을 만들고 나를 만들면)

나를 만든 진흙 속에는
당신이 들어 있고
당신을 만든 진흙 속에는
내가 들어 있을 것이오.

원나라 때의 명필인 조맹부(趙孟頫, 호는 松雪)의 아내인 관도승(管道昇)이 지었다는 사(詞)의 한 구절이다.

(괄호 안은 의미전달을 위해 내용을 덧붙임_편저자)

우리의 고전 소설인 춘향전에는 이몽룡이 과거 시험을 보는 대목이 다음과 같이 묘사되어 있다.

"당황모 무심필에 먹을 묻혀 왕희지의 법을 받고 조송설의 본을 받아 일필휘지하여 놓으니 평사낙안하고 용사비등이라…….”

이 대목에 나오는 조송설趙松雪은 바로 조맹부趙孟頫라는 사람이다. 松雪은 호이고 孟頫는 본명이다. 그는 몽고족이 중국에 들어와 세운 나라인 원元나라의 지배를 받는 사이에 피폐해질 대로 피폐해진 중국 서예를 중흥시킨 위대한 명필가로서, 그의 서예는 우리나라에도 막대한 영향을 끼쳐 고려 말기로부터 임진왜란 이전까지 조선의 서예는 거의 대부분 조맹부의 영향 아래 있었다고 할 수 있다. 그는 중국 역사상 글씨를 잘 쓴 명필로 유명할 뿐 아니라, 부부간에 금슬이 좋기로도 유명했던 사람이다. 어느 날 그는 부인에게 첩을 하나 얻고 싶다는 농담을 하였다. 그러자 그의 부인인 관도승管道昇은 말없이 다음과 같은 내용의 사詞를 한 수 지어 보였다.

"당신과 나, 너무나도 정이 두터운 사이…… 한 덩이의 흙을 빚어 당신의 모습도 만들고 내 모습도 만들어 보리. 만일 그것들이 한꺼번에 부서진다면 그 흙을 다시 물에 개어 다시 당신을 만들고 또 나를 만들면 나를 만든 진흙 속에는 당신이 들어 있고 당신을 만든 진흙 속에는 내가 들어 있을 것이오."

얼마나 절실한 노래인가? 이미 내 안에 네가 있고, 네 안에 내가 있으니 깨려야 깰 수 없는 사랑이라는 뜻이다. 사랑은 나를 비우고 그 자리에 상대방을 들여놓는 아름다운 일이다.

我 : 나 아   泥 : 진흙 니(이)   你 : 너 니(이)

| 덧붙이는 글 |

〈조맹부趙孟頫와 관도승管道昇의 사랑 이야기〉

　조맹부는 중국 원나라 때의 유명한 서예가로 자字는 자앙子昻, 호는 송설松雪이다. 우리에게는 조송설趙松雪로 더 알려진 인물이다.
　그는 송나라 말기에 중국 서예계에 나타난 여러 가지 병폐 현상들을 직접 체험하였기 때문에 그 병폐를 씻고자 '진당서풍晉唐書風'으로 돌아가 처음부터 새롭게 다시 시작해야 한다는 생각에서 복고주의를 강력히 주장하였다. 소위 '진당서풍晉唐書風'이라 함은 진나라 당나라 때의 서예 분위기라는 의미로서, 진나라 때 최고의 서예가이자 중국 서예사에서 서성書聖으로 추앙을 받고 있는 왕희지王羲之와 그의 아들 왕헌지王獻之, 그리고 당나라 때의 유명한 서예가인 구양순歐陽詢, 우세남虞世南, 저수량褚遂良을 중심으로 하는 전통과 법도를 중시하는 서예 스타일을 말한다.
　송나라 때의 서예는 본래 법을 숭상한 당나라 때의 서예에 대한 반동으로 형성되어 법보다는 개성과 창신創新을 중요시하는 이른바 '상의서풍尙意書風(개인의 뜻을 숭상하는 서풍)'이 그 주류를 이루었다. 그러나 이 상의尙意는 어디까지나 먼저 옛 것을 충분히 배우는 '법고法古'를 전제로 하는 상의였다. 그러나 송나라 말기에 이르러서 법고는 아예 무시한 채 상의만을 내세우는 조류가 크게 성행하면서 서예계가 온통 서예의 법은 무시한 채 제멋대로 쓰는 것을 창작이라고 내세우는 매우 혼란한 상황을 맞게 되었는데 이것을 중국 서예사가들은 상의서풍의 말폐末弊 현상이라고 일컬어왔다. 조맹부는 바로 이러한 병폐를 바로잡고자 '진당서풍'을 위주로 한 복고주의를 제창하였던 것이다. 그리고 그는 그러한 복고주의 운동에 성공하여 원나라 이후, 명나라를 거쳐 청나라 초기까지 중국서단에 막대한 영향을 끼쳤으며, 심지어 우리나라에까지 매우 큰 영향을 끼쳐 고려 말에 조맹부의 송설체가 고려에 도입된 이후, 고려 말기의 명필인 행촌杏村 이암李嵒과 조선시대 세종의 넷째 아들인 안평대군 이용李瑢 등 송설체의 명가들을 탄생시키면서 조선 중기까지의 서예계는 송설체가 주류를 이루게 되었다.

이처럼 조맹부는 중국서예사에 하나의 전기를 마련한 큰 서예가였으며, 또 한편으로는 황공망黃公望, 오진吳鎭, 예찬倪瓚, 왕몽王蒙으로 이어지는 소위 문인산수화의 4대가를 탄생시키는 산파적인 역할을 한 위대한 화가이자, 원나라를 대표하는 큰 시인이기도 하였다. 그야말로 중국 역사상 손꼽을 만한 시, 서, 화 삼절三絶인 것이다. 그는 시인으로서, 서예가로서, 화가로서의 크게 성공한 인생을 살았다고 할 수 있다. 그의 화려한 명성과 업적만 보았을 때는 그가 명예롭고 행복한 삶을 산 것으로 여길 수 있다. 그러나 그를 보다 자세히 살펴보면 한 인간으로서의 인생은 슬픔과 비분에 가득 찬 것이었다고도 할 수 있다. 그는 정말 슬픔으로 한 평생을 산 사람이었다. 왜 그랬을까?

조맹부는 원래 송나라 황실의 후예이다. 송 태조 조광윤의 아들인 진왕 조덕방의 제11대손이다. 비록 그의 직계 조상 중에 황제였던 인물은 없었으나 당시 송나라 황실은 이민족인 몽고족에게 비참하게 망한 상태였는데 황실의 후예인 조맹부는 몽고족의 원나라 조정에 벼슬을 자원하여 나갔으니 당시 민족감정이 고조되어 있던 한족들이 조맹부를 좋게 평가할 리가 없었다. 조맹부는 완전히 매국노 취급을 당하였다. 그런 시대적 상황에서 그는 비분에 찬 인생을 살지 않을 수 없었다. 조맹부는 이민족의 무단과 횡포 아래 한족의 전통 문화가 말살되고 동족들이 도륙 당하는 모습을 보면서 안타까운 나머지 한족漢族과 한문화漢文化를 구하는 길은 바로 자신 같은 사람이 원나라 조정에 과감히 뛰어들어 황제를 설득하고 무지한 몽고인들을 한족들의 문화로 교화시키는 것밖에는 없다고 생각하였다. 그리하여 굴욕감과 수모를 무릅쓰고 원나라 조정에 출사하였지만, 세상 사람들은 그것을 이해하지 못하고 조맹부를 변절자로 매도하였다. 이런 매도를 당하면서까지 원나라 조정에 나아갔지만 원나라 조정은 조맹부의 뜻대로 쉽게 한족의 문화로 교화되지 않았을 뿐 아니라 한족에 대한 심한 차별대우는 사라지지 않았다. 이런 상황에서 학문과 예술에 대한 천부적 재능을 가지고 자신의 뜻을 펴서 백성들을 잘 살게 하고자 하는 이상을 가진 조맹부로서는 비분강개하지 않을 수 없었다. 그는 이러한 비분과 강개, 그리고 자신에 대한 한과 원망을 시를 통해 표현하였다.

옛말에
"산에 있을 때는 원대한 뜻을 가진 '원지遠志(약초이름)'였지만
산을 나오고 나니 하찮은 풀이 되고 말았네."

라는 말이 있는데

나는 왜
이 말을 이제야 실감하는가!
내 평생 바라는 바는
은거하여 산수 속에 마음을 풀어보는 것.
그러나 그 바람을 이루지 못하여
책을 읽으며
때때로 스스로를 위로하면서
내 본성을 지킬 수 있기를 기대해 본다.

누가 나로 하여금 이 티끌 세상의 그물 속으로 떨어지게 했는가?

헤어나려고 몸부림칠수록
더욱 감겨드는 이 올가미!

예전엔 나도 물 위를 훨훨 나는 갈매기였건만
지금은 세상에 갇힌 새.
슬피 울어 본들 누가 알아주랴!
부질없이 날개깃은 날로 쇠해가고
그나마 친구들의 도움이 없이는
쓴 나물, 거친 밥마저도 배불리 먹을 수 없네.
병든 아내는 어린 아들을 안고
만 리 먼 길을 떠나갔다네.

내 형제 골육들과 생이별하였으니
조상들의 묘소는 누가 돌보나?

북받치는 이 설움에 목이 메고
아득한 남쪽 하늘 구름만 바라본다.
슬픈 내 통곡을 바람에 실어보지만
이 하소연 어찌 하늘에 미치랴!

(죄출罪出, 송설재집松雪齋集 권2)

참으로 처량한 시이다. 조맹부를 변절자로 매도한 것은 비단 일반 사람들만이 아니었다. 그의 사촌형으로 당시에 난세를 피해 은거함으로써 세상 사람들의 추앙을 받았던 조맹견趙孟堅도 동생인 조맹부가 원나라 조정에 벼슬한 것을 부끄러이 여겨 상대조차 해주지 않았다. 청나라 사람 저석농褚石農이 쓴 『견포집堅匏集』에는 다음과 같은 기록이 있다.

송나라가 망하자, 조맹견은 수주秀州에 은거하였다. 어느 날, 종제인 조맹부가 명주茗州로부터 조맹견을 찾아오자 조맹견은 문을 닫고 받아들이지 않았다. 부인이 그래도 어찌 동생을 그렇게 대할 수 있느냐며 집안에 들일 것을 권고하자 그제야 비로소 뒷문으로 들어오게 하였다. 자리에 앉자, "요즈음 변산弁山과 입택笠澤, 동정호洞庭湖의 풍광이 어떠하던가? 좋던가?"라고 물었다. 조맹부가 대답하기를 "참 좋습니다."라고 하자, 맹견은 "동생이 무슨 낯으로 고국 산택이 아름답다고 할 수 있는가?"라고 하며 크게 꾸짖었다.

조맹부가 부끄러워서 더 이상 앉아있지 못하고 물러나가자 조맹
견은 노비를 시켜서 그가 앉았던 자리를 닦아내게 하였다.

종형의 종제에 대한 태도가 이와 같았으니 다른 사람들이 조맹부를 보는 눈은 어떠했을까? 충분히 짐작하고도 남음이 있으리라고 생각한다.

조맹부가 이처럼 동족인 한족漢族들에게 멸시당했다고 해서 그 대가로 원나라 조정에서라도 대우를 받았느냐하면 그것도 아니다. 몽고족은 중원을 차지한 이후에 한족을 완전히 무시하는 정책을 폈다. 원나라 때의 학자인 도종의陶宗儀는 『철경록輟耕錄』에서 "원나라 때에는 인종을 4종으로 나누어 차별을 하였는데 1등급은 몽고인, 2등급은 색목인色目人(아라비아 계통의 서역인), 3등급은 한인漢人, 4등급은 남인南人이라."고 하였다. 도종의가 말한 한인漢人이란 원래의 남송 유민을 지칭하는 말이 아니고 몽고인이 중원에 들어오기 전인 남송 시절에 북방에서 요나라와 금나라의 통치 아래에 있었던 한인들을 말하며, 남인南人이 바로 장강 이남의 남송 유민들을 지칭하는 말이다. 남송 유민인 순수 한인이 제4등급으로 최하위의 대우를 받은 것이다. 뿐만 아니라, 과거에 최상의 신분으로 대접받던 유학자들도 원대元代에는 형편없는 지위로 전락하였다. 정사초鄭思肖는 『대의략서大義略序』에서 원나라 때의 신분차등을 "1위는 관직을 가진 사람, 2위는 독서인, 3위는 중, 4위는 도사, 5위는 의원醫員, 6위는 공장工匠, 7위는 사냥꾼, 8위는 평민, 9위는 유가儒家, 10위는 거지(一官, 二士, 三僧, 四道, 五醫, 六工, 七獵, 八民, 九儒, 十丐)"라고 하

였으니 유가儒家는 거지보다 조금 나은 제9등급의 신분이었다. 그런데 조맹부는 인종으로 볼 때는 제4등인 남인이고, 신분으로 볼 때는 제9등(관직을 가졌으니 제1등에 속하기도 하지만)의 유가였으니 그가 원나라 조정으로부터 받은 박해와 정신적 압박은 가히 짐작할 수 있다. 물론 원 세조世祖 쿠빌라이 같은 제왕은 한족의 문화에 대해 상당히 심취하였고 유가와 전통 사대부 문인들을 퍽 우대하기도 하였다. 사실 조맹부도 원 세조의 명을 받고 남방으로 인재를 구하러 내려온 정거부程鉅夫에게 발탁되어 원나라에 입사入仕했었다. 그리고 원 세조는 조맹부를 무척 아꼈다. 그러나 이러한 현상은 일시적인 것이었을 뿐이고 원나라 조정의 전체 분위기가 이러한 것은 아니었다. 한 가지 기록을 보자.

> 재상 상가桑哥는 첫 종이 울리면 궁월 집무실에 앉아서, 육부六部의 관리 중에 늦게 오는 자가 있으면 곤장을 때렸다. 어느 날 조맹부가 늦게 오자 끌어다 매를 때렸다.

상가桑哥는 당시 몽고인 출신의 재상이다. 황제의 후예이며 중국 전통의 사대부 문인인 조맹부가 늦게 왔다는 이유 하나만으로 곤장을 맞았다. 당시 원나라의 지배층이었던 몽고족의 횡포를 알 수 있는 대목이다.

이처럼 한족으로부터도 또 몽고인으로부터도 멸시와 천대를 받고 사는 조맹부에게 늘 따뜻한 위로와 희망을 주는 사람이 있었으니 그는 바로 부인 관도승管道昇이었다. 관도승은 항주 오흥현吳興縣 오정烏程 사람으로 조맹부와 고향이 같다. 원나라 지원至元 26년(서기 1289년) 조맹부의 나이 36세, 병부兵府에 낭중郎中으로 있을 때 공무로 고향인 오흥에 내려갔다가 주위의 소개로 만나 결혼하였다. 당시 관도승의 나이는 28세였으니 상당히 늦은 결혼이었다. 관도승은 천부적 자질이 뛰어나 시, 서, 화에 모두 능하였으며 특히 그녀의 그림은 출중하여 원나라 회화사에서 그녀를 빼놓을 수 없다. 오늘날 그녀의 그림은 대만의 고궁박물원에 다수 소장되어 있고, 스웨덴과 일본에도 상당수의 작품이 소장되어 있다. 조맹부는 이처럼 총명하고 다재다능하며, 또 천성이 양순한 부인을 평하여 "품덕, 언행, 용모, 정성 등 어느 한 가지도 갖추지 않은 것이 없다."고 하였다. 이러한 아내가 집에 있다면 밖에서 아무리 스트레스를 받았다 하더라도, 집에만 가면 그 스트레스가 봄날에 눈 녹듯이 녹아내릴 것이다.

보름달이 휘영청 밝은 날, 조촐한 몇 가지 안주에 술 한 병 놓고, 달빛을 받으며 그림 한 폭 그리고, 시 한 수 짓다가 마주보며 빙그레 웃고, 술도 한 잔 나누어 마시고. 우연히 바라본 창밖에 우수수 낙엽이라도 지면 붓을 놓고 밖으로 나와 달빛을 받으며 낙엽 날리는 뜰을 걸으면서 이런저런 세상 이야기를 하다가 남편이 가슴 아파하면 살며시 팔이라도 끼며 위로해주고, 머쓱해진 남편이 장난이라도 치면 또 어린 아이처럼 함께 까르르 웃고. 조맹부와 관도승은 그렇게 살았을 것이라는 생각이 든다.

둘이서 서로 화답한 사詞를 보자.

아득히 물안개 피어오르는 곳에
일엽편주를 띄웠네.
서풍에 낙엽지고
오호吳湖에 가을은 깊어 가는데,
갈매기, 해오라기와 더불어 살리라고 마음먹으면
왕후장상도 부럽지 않거늘
낚시에 노어가 걸리지 않음을 관여할 필요가 무에 있으랴.

나는 동오東吳의 진택주震澤州로 가려네.
물안개 피어오르는 가운데
날마다 배 띄워 고기를 낚고자하여.

산은 비췻빛으로 푸르고
술은 기름처럼 맑아
취흥이 오른 눈으로 산을 보면 모두가 다 자유이려니.

이것은 조맹부의 사이다. 번다한 세상사를 떨치고 자연으로 돌아가 은거하여 자유를 누리고자 하는 간절한 마음이 담겨져 있다. 이에 대해 부인 관도승이 화답한 사詞는 다음과 같다.

우리네 인생
부귀의 극치는 물론 왕후장상이겠지요.
그러나
뜬 영화, 뜬 이름은 모두 부질없는 것!

참 자유는 아니지요.
부귀영화를 다툰다고 그게 얻어지는 것일까요?

일엽편주 띄우고
달을 노래하고
바람을 노래하며

돌아갑시다! 돌아갑시다!
돌아가서 쉽시다.

과연 그 남편에 그 아내가 아닌가! 사랑은 마주보는 게 아니라 같은 곳을 함께 바라보는 것이라더니, 조맹부와 관도승 사이가 바로 그런 사랑을 한 것 같다. 두 사람 사이에 얽힌 또 하나의 사랑 이야기를 들어보자. 조맹부는 어느 날 짧은 사詞 한 수를 지어 부인 관도승에게 장난을 쳤다. 그 사는 다음과 같다.

나는 한림학사翰林學士이고
당신은 학사의 부인인데,
어찌 당신은 들어보지도 못했는가?
그 옛날,
왕학사王學士 왕헌지王獻之에게는
도엽桃葉과 도근桃根이라는 첩이 있었고,
소학사蘇學士 소동파蘇東坡에게는

조운朝雲 모운暮雲이라는 첩이 있었다는 것을.
나도 오나라의 미녀와 월나라의 미녀를
여럿 첩으로 맞으면 어떨까?
당신은 이제 이미 40이 넘었으니
안방마님 노릇이나 하시고.

이 사를 본 관도승은 곧바로 다음과 같은 사를 지어보였다.

당신과 나
너무나도 정이 두터운 사이
정이 깊어 열기는 불과 같아라.
한 덩이의 진흙을 빚어
그대 모습을 만들고
내 모습도 만들어보리.
만일 그것들 두 개가 한꺼번에 부서진다면
다시 또 물에 개어서 당신을 만들고 나를 만들어야지.
그렇게 다시 만든 후에는
나의 진흙 상像 속에는 당신이 들어있게 되고,
당신의 상像 속에는 내가 들어있게 되리라.
살아서는 그대와 한 이불 속에서
죽어서는 그대와 같은 관 안에서
영원히 영원히 함께 하리라.

이 사를 본 조맹부는 호탕하게 한바탕 웃은 후 관도승의 어깨에 손을 얹고 아미를 숙인 관도승의 이마와 콧등을 빙긋이 웃으며 바라보았다고 한다. 사랑 노래 중에 이처럼 절실한 노래가 또 있을까? 한 덩이의 진흙으로 너와 나의 모습을 만들었다가 만약 그것이 부서지면 부서진 덩어리를 다시 물에 개어 너를 만들었던 흙과 나를 만들었던 흙을 섞어, 그 흙으로 다시 너와 나를 만들면 새로 만든 너 속에는 내가 들어있고, 새로 만든 나 속에는 네가 들어있으리라는 생각, 이것은 바로 '우리 사랑이 아무리 부서진다 해도 나는 다시 만들 테고 다시 만들면 만들수록 사랑은 더욱 깊어질 것이니, 맹부 씨! 생각대로 하십시오. 첩을 열을 얻든 스물을 얻든'이란 마음이 담겨있는 것이다. 괜히 장난 한번 쳤던 조맹부는 얼마나 멋쩍었을까? 그러나 가슴 속으로는 무한한 행복을 느꼈을 것이다.

관도승이 지은 이 사는 오늘날까지도 중국인들이 사랑을 얘기할 때면 남녀가 서로 읊조리곤 한다. 근대 중국의 성운학자이자 물리학자이며 음악가였던 조원임趙元任은 이 사를 약간 변형시켜 노랫말로 삼고 거기에 아름다운 곡을 붙여 예술가곡으로 발표하였는데 한때 중국에서는 이 노래가 사랑의 노래로 크게 유행하였다. 조원임이 개사한 노랫말을 적으면 다음과 같다.

> 그대와 나
> 너무나도 정이 도타운 사이
> 정이 깊어 그 열정 불과 같아라.
> 바닷물이 마른다 해도

바위가 닳아 흙이 된다 해도
이 사랑,
이 정 변하지 않으리.

한 줌의 흙을 빚어 그대 모습 만든다면,
그 토상土像 속에 온화하게 웃는 그대의 모습도 빚어 넣어
나로 하여금 항상 그대를 생각하게 하소서.
또 한 줌의 흙을 빚어 내 모습을 만들어서는
영원히 그대 곁에 짝짓게 하려네.

어느 날,
그 두 개가 한꺼번에 부서진다면
네 조각과
내 조각을 한데 모아 물에 개어
다시 합하고
다시 만들겠네.

네 모습도 다시 만들고
내 모습도 다시 만들면
그 후론 우리는 이렇게 말할 수 있겠지.
'네 속에는 내가 있고, 내 속에는 네가 있다고.'

21. 왼손과 오른손이 어찌 따로 놀 수 있으랴

人莫能左書方而右書圓也라.
인 막 능 좌 서 방 이 우 서 원 야

사람은

왼손으로는
네모를
그리면서

오른손으로는
원을
그리기가
쉽지 않다.

『한비자(韓非子)』「외저설·
좌하(外儒說·左下)」에
나오는 말이다.

사랑은 하나.

세상의 아내들은 이런 생각을 할 수 있을 것이다.
'내 남편이 집에서는 세상에 둘도 없이 인정 많고 자상한 남편이자 아버지로 살고, 밖에 나가서는 냉정한 구두쇠로 삶으로써 남편이

가지고 있는 사랑의 총 용량 중 99.99%를 집안에다 쏟되 밖으로부터는 돈이든 물건이든 얻어오는 것만 많았으면 좋겠다'는 생각을. 하지만 그것은 불가능한 일이다. 왼손으로는 네모를 그리면서 오른손으로는 원을 그릴 수 없듯이 안에서 인정이 많은 남편은 밖에서도 인정이 많아서 남에게 많이 베풀 수밖에 없고, 밖에서 구두쇠인 남편은 안에서도 냉정한 구두쇠일 수밖에 없다.

세상의 남편들은 이런 생각을 할 수 있을 것이다.

아내가 1년 중 360일은 집안 살림 잘하며 살고 어쩌다 한번 외출하여 남편의 친구나 직장 동료들과 만나게 되었을 때는 영화배우나 귀부인 심지어는 사교계의 여왕 같은 풍모를 보여주었으면 좋겠다는 생각을. 하지만 그것은 불가능한 일이다. 1년 내내 집안에만 갇혀 지낸 아내가 어떻게 하루아침에 사교계의 여왕같이 되겠는가?

상대방을 내 마음대로 재단하여 내 맘에 드는 점만 취하려고 들면 상호간에 좋은 관계는 결코 유지할 수 없다. 진정한 사랑은 있는 그대로를 사랑하는 것이다. 네모를 그리는 왼손을 사랑한다면 오른손으로 원을 그리기를 바라서는 안 되는 것이다.

이런 사람도 있을 것이다. 오늘은 이 여인을 만나 사랑한다고 말하고, 내일은 저 여인을 만나 사랑한다고 말하고……. 하지만 그것은 결코 사랑이 아니다. 왼손으로는 네모를 그리면서 동시에 오른손으로는 동그라미를 그릴 수 없듯이 말이다.

莫 : 없을 막   能 : 능할 능   左 : 왼 좌
方 : 모 방   圓 : 둥글 원

22. 깨진 거울

破鏡은 不重照하고 落花는 難上枝라.
파경   부중조   낙화   난상지

깨진 거울은
다시
비쳐볼 수 없고

떨어진 꽃은
다시
가지에 오르기 어렵다.

송나라 진종(眞宗) 경덕(景德) 원년(元年)에 불가(佛家)의 법어(法語)를 모아 엮은 책인 『전등록(傳燈錄)』권17에 나오는 말이다.

 깨진 거울, 즉 '파경破鏡'은 부부사이가 깨어져 끝장이 남을 뜻하는 말이다. 한번 깨진 거울은 본래의 둥근 모습을 갖추기가 쉽지 않다. 설령 붙여 놓는다 해도 흔적이 남는다. 부부사이도 마찬가지이다. 한번 깨어지고 나면 그 날로 원수로 변한다. 다시 합치기란 정말 쉽지 않은 일이고 설령 합친다 하더라고 평생 동안 서로의 상처를 안고 살아야 한다.

그런데 '파경중원破鏡重圓'이란 말도 있다. 직역하자면 '깨진 거울이 다시 둥글게 되었다'는 뜻으로서 파경을 맞았던 부부가 다시 원만한 부부사이를 회복하는 것을 이르는 말이다. 전란이나 천재지변을 당해 어쩔 수 없이 헤어진 부부가 천신만고 끝에 다시 만나 부부관계를 회복한 경우라면 거기에는 안타까운 세월의 흔적 외에 다른 아무런 상처도 있을 리 없다. '파경중원'은 이런 때 쓰는 말이다. 비록 깨진 거울에 비교되기는 했지만 되레 매우 아름다운 말이다.

요즈음은 전란이나 천재지변으로 헤어지는 부부는 거의 없다. 인간적으로 미숙한 사람들이 서로의 이기심으로 인하여 다투다가 헤어지는 게 대부분이다. 너무 쉽게 만나고, 너무 쉽게 헤어진다. 컴퓨터의 'Delete' 키를 사용하는 데에 너무 익숙해서 그렇게 사람도 추억도 정情도 쉽게 지워버리는 것일까?

破 : 깨질 파   鏡 : 거울 경   重 : 거듭 중
照 : 비칠 조   落 : 떨어질 락(낙)   難 : 어려울 난
枝 : 가지 지

23. 원망스런 달빛

却下水晶簾이나 玲瓏望秋月이라.
각 하 수 정 렴   영 롱 망 추 월

"아서라, 잊자!"
하고
수정 발을 내렸으나
방안까지 따라와 비치는
영롱한 달빛.

이백(李白)의 시 「옥계원(玉階怨, 옥섬돌의 한)」의 3, 4구이다.

이 「옥계원玉階怨」시의 처음 두 구절은 다음과 같다.

옥섬돌에
찬 서리 내리고
밤은 깊어
비단 버선도 젖었네.
(玉階生白露, 夜久侵羅襪)

한 여인이 옥섬돌에 쪼그리고 앉아 있다. 무슨 생각에 잠겼을까? 밤이 깊은 줄도 모르고 그렇게 앉아 있었더니 어느새 찬 이슬에 버선이 다 촉촉이 젖었다. '아서라! 부질없는 생각을 접자.'하고 방안으로 들어와 이불이라도 뒤집어 쓸 양으로 수정 발을 내리고 보니 어느 틈에 방안까지 따라와서 영롱하게, 너무도 영롱하게 비치는 저 달빛! 아아! 이 달빛을 두고서 어이 잠을 이루랴. 다시 한 맺힌 그리움에 젖어 보는 여인, 화려하기 그지없는 옥섬돌엔 내리는 찬 이슬만큼이나 시린 여인의 한이 한숨에 실려 내려앉는다.

짧지만 시인 이백의 시적 감수성이 무척 돋보이는 시이다. 흔히 이백을 호방한 시인, 허풍스러울 정도로 과장이 심한 시인으로 알고 있지만 이백은 이처럼 섬세하고 여성적인 시도 잘 썼다.

사나이란 천군만마를 호령하는 호방함과 위풍당당함도 있어야 하지만 때로는 지는 낙엽을 보며 고향을 그리는 병사들 생각에 눈물도 흘리는 섬세한 인정도 있어야 한다. 이백의 시를 통하여 우리는 그런 멋진 사나이의 모습을 볼 수 있다. 허풍스러우리만치 호방할 때는 호방하다가도 섬세한 인정을 내보일 때는 어느 여인 못지않게 섬세하고 다정한 이백이었으니. 시린 달빛을 보며 이 시 속의 여인처럼 정말 가슴이 아파 오는 사람이 있을 것이다. 나는 그런 여인을 어떻게 위로할 수 있을까? 내겐 이백과 같이 섬세한 시정詩情이 없으니.

| 却 : 물리칠 각 | 下 : 내릴 하 | 晶 : 수정 정 |
| 簾 : 발 렴(염) | 玲 : 고울 령(영) | 瓏 : 환할 롱(농) |

24. 눈물 머금은 눈으로

含淚眼看含淚眼하다가 斷腸人送斷腸人이라.
함누안간함누안   단장인송단장인

눈물 머금은 눈으로
눈물 머금은 눈을
바라보다가

애간장이 끊기는 이가
애간장이 끊기는 이를
보냈네.

전라북도 남원에 사셨던
평산 신씨 노인의
필기에서 본 글이다.

이별의 노래치고 이처럼 곡진한 노래가 또 있을까? 옛 여인의 이별시 가운데 다음과 같은 시가 있다.

때는 삼경,
창밖엔
가는 비가 내리는데
두 사람의 마음을
두 사람이 서로 아는구나.

샘솟는 정,
아직도 다 차지 않았는데
창문은 밝아오고……

다시
비단 옷자락을 휘어잡으며
다음 오실 날을 묻네.
(窓外三更細雨時, 兩人心事兩人知. 新情未洽窓欲曙, 更把羅衫問後期)

매우 애절한 시이다. 그런데 남원의 신씨 노인의 필기에서 본 이 시구詩句는 이보다 훨씬 더한 경지의 시인 것 같다. 보내는 나의 눈에도 눈물이 고이고 떠나는 그대의 눈에도 눈물이 고여, 눈물 머금은 눈으로 눈물 머금은 그대의 눈을 바라보다가 애간장이 끊기는 내가 애간장이 녹는 그대를 보내는 심정을 그대로 읊은 시이다. 이런 이별을 나누는 두 사람은 이미 두 사람이 아니라 한 사람이다. 슬픔의 극은 기쁨이다. 이런 이별은 슬픔이 아니라 차라리 환희라고 표현해야 할 것 같다. 몸이 떠나는 이별을 눈앞에 두고, 정신은 이미 완벽한 하나로 엉겨 붙어 버렸으니 이것은 이미 이별이 아니라 기쁨인 것이다. 사랑을 나누는 모든 사람들에게 축복만 내렸으면 좋겠다. 영원히 이별은 없이 말이다.

| 숨 : 머금을 함 | 淚 : 눈물 루(누) | 眼 : 눈 안 |
| 看 : 볼 간 | 斷 : 끊을 단 | 腸 : 창자 장 |

25. 돌과 난초

石性介而堅하고 蘭心和且靜이라
석 성 개 이 견   난 심 화 차 정

蘭非依不生한데 石却依蘭定이라.
난 비 의 불 생   석 각 의 난 정

돌의 성질은 굳세고 단단한 것,
난초의 마음은 평화롭고 고요한 것.

난초는 돌에 의지하지 않고서는
살 수가 없는데
돌의 모습은
오히려
난초에 의해서 정해진다네.

청나라 때의 유명한 화가로서 양주팔괴(楊洲八怪)의 한 사람이었던 정섭(鄭燮, 호는 板橋)이 그린 석란도(石蘭圖, 돌과 난초를 함께 그린 그림)에 제(題)한 시로 전해지고 있다.

부드럽고 연약한 난초는 허허벌판 땡볕 아래서는 살 수가 없다. 적당한 그늘이 있어야 한다. 그래서 돌 틈에 기대어 돌의 보호를 받으며 산다. 이런 난초를 보호하는 굳센 돌이 의젓하고 대단해 보인다. 그러나 난초가 없는 돌은 또 얼마나 무미건조한가? 그처럼 의젓한 돌도 사실은 난초가 있기 때문에 그처럼 의젓해 보이는 것이다. 돌의 모습이야말로 난초하기에 달려있다.

남편은 돌이다. 아내는 난초다. 스승은 돌이고, 학생은 난초다. 부모는 돌이고, 자식은 난초다. 돌은 난초가 땡볕을 받지 않도록 잘 보호해야 한다. 그리고 난초는 난초에 의해서 돌의 모습이 정해진다는 사실을 명심해야 한다.

오늘 아침에 출근하는 남편의 모습이 왠지 초라해 보이지 않았는지 생각해 볼 일이다. 만년의 내 부모님 모습이 천한 노인의 모습은 아닌지 저미는 가슴으로 살펴볼 일이다.

性 : 성품 성	介 : 굳셀 개
堅 : 굳을 견	蘭 : 난초 난(란)
且 : 또 차	靜 : 고요할 정
依 : 의지할 의	却 : 오히려 각

26. 벌판 다한 곳이 청산인데

平蕪盡處是靑山인데 行人更在靑山外라.
평 무 진 처 시 청 산   행 인 갱 재 청 산 외

벌판
다한 곳이
청산인데

그대는
아직도
청산 밖에
있네.

송나라 때의 문인인
구양수(歐陽脩)의 사(詞)
「답사행(踏莎行)」에
나오는 구절이다.

내게 뒷모습을 보이고서 벌판을 가는 사람이 있다. 점점 그 사람의 모습이 멀어진다. 멀어지는 그 사람의 모습을 보고 있는 이 마음이 아프다. 그립다. 안타깝다. 차라리 안 보느니만 못하다. 차라리 안 보였으면 좋겠다. 벌판 끝나는 지점에 청산이 자리하고 있다. 그래서 생각하였다. 벌판이 끝나고 그 사람의 모습이 푸른 숲 속으로 사라져 안 보이게 되면 잊을 수 있을 것이라고.

그런데 웬걸. 벌판 다한 곳에 분명히 청산은 자리하고 있는데 내 사랑하는 사람은 청산에 들 줄을 모르고 언제까지나 청산 밖에만 있다. 숲 속으로 들어가지 않고 언제까지나 청산의 바깥쪽에만 있다. 청산의 바깥쪽은 바로 내가 자리하고 있는 곳이다. 나의 사랑하는 사람은 영원히 청산에 들 줄을 모르고 나의 눈과 나의 가슴 안에 자리하고 있는 것이다.

사랑은 이런 것이다. 사랑하기보다 잊기가 훨씬 더 어려울 때 그게 바로 진정한 사랑이다. 청산이 그리움을 묻어줄 성싶던가? 아니다. 아무도 그리움을 묻어주지 못한다. 그리움이 묻힐 곳은 단 한 군데 내 마음속밖에 없다.

양주동 박사는 「면학勉學의 서書」라는 글에서 이 구절을 '벌판 다한 곳이 청산인데 나는 아직도 청산이라는 목표점에 이르지 못했네.'라는 의미로 풀이하여 아무리 해도 부족하기만 한 독서의 길을 설명하는 데 인용하였다. 독서나 사랑이나 해도 부족하기는 마찬가지인가 보다. 벌판 다한 곳이 청산인데 아직도 청산에 들 줄 모르는 내 사랑하는 사람아!

| 蕪 : 황무지 무, 벌판 무 | 盡 : 다할 진 |
| 處 : 곳 처 | 更 : 다시 갱 |

27. 사랑은 아직도 끝나지 않았네

春蠶到死絲方盡하고, 蠟炬成灰淚始乾이라.
춘 잠 도 사 사 방 진   납 거 성 회 루 시 건

봄철의 누에는
죽음에 이르러서야
실뽑기를 다하고

촛불은
재가 되어서야
비로소 눈물이 마른다네.

당나라 말기의 대표적인
유미주의 시인인
이상은(李商隱)이 쓴
여러 편의 무제시(無題詩) 중
한 편에 나오는 구절이다.

(내 사랑 아직도 끝나지 않았네)

(괄호 안은 의미전달을 위해 내용을 덧붙임_편저자)

이상은李商隱은 무척 정이 많은 사람이었다. 그래서 때로는 감당하지 못할 사람에게 정을 쏟고 사랑을 퍼부었다가 결국 이루어질 수 없는 사랑 앞에서 혼자만 간직한 비밀스런 사랑의 감정을 시원스럽게 표현하지도 못하고서 '무제無題'라는 제목을 빌어 혼자만의 언어로 표현하였다. 이 무제시의 대강 내용은 다음과 같다. "우리 서로 만나기도 어렵더니만 헤어지기도 어렵구려. 어차피 이루지 못할 사랑이라면 차라리 헤어지자고 말이라도 해야겠는데 그런 말을 할 기회마저도 가질 길이 없으니 이 안타까움을 어찌 한단 말이오. 나른한 봄바람에 온갖 꽃들이 다 시드는 이때에 누에는 죽음에 이르러서야 실뽑기를 그만 두고, 촛불은 재가 되어서야 비로소 눈물이 마르는 법, 내 사랑은 아직도 끝나지 않았네. 이 생명이 다하기 전에는 내 사랑을 결코 포기할 수 없네." 이처럼 곡진한 사랑의 노래가 또 있을까? 이 좋은 계절에 사랑을 속삭이는 젊은 남녀들이 깊이 새겨 읽었으면 좋겠다. 후에 이 말은 사랑뿐 아니라 일상의 생활에도 인용되어 끈질긴 노력을 의미하는 말로 쓰이게 되었다.

蠶 : 누에 잠   方 : 바야흐로 방   蠟 : 밀랍 랍(납)
炬 : 횃불 거   灰 : 재 회   淚 : 눈물 루(누)
乾 : 마를 건

28. 비익조 — 한 몸 되어 나는 새

在天願作比翼鳥하고　在地願爲連理枝라.
재 천 원 작 비 익 조　　　재 지 원 위 연 리 지

하늘에서라면
우리
(한 몸 되어 나는)
비익조比翼鳥가
되기로 하고,

땅에서라면
우리
(한 몸 되어 사는)
연리지連理枝가
되도록 해요.

당나라 때의 시인인 백거이(白居易)가 당 현종과 양귀비의 사랑을 소재로 쓴 장편 서사시인 「장한가(長恨歌)」의 끝 부분에 나오는 말이다.

(괄호 안은 의미전달을 위해 내용을 덧붙임_편저자)

'비익조比翼鳥'란 전설상의 새로서 암수가 한 몸이 되어 나는 새이고, '연리지連理枝'란 두 그루의 나무이면서도 뿌리와 가지가 연이어져 있는 나무를 말한다. 모두 금슬 좋은 부부 사이를 나타내는 말이다. 그런데 비익조는 처음부터 암수가 한 몸이었던 것이 아니다. 사랑하는 사이가 되면서 서로 한 쪽 날개를 버림으로써 한 몸이 되었고, 그렇게 한 쪽 날개를 버린 후부터는 아무리 가까운 거리라도 날아가기 위해서는 항상 한 몸이 되어야만 했다.

  사랑은 바로 그런 것이다. 상대를 받아들이기 위해서 나의 한 쪽을 버려야 한다. 나는 욕심껏 본래의 내 모습을 그대로 고수하면서 상대에게만 나를 따를 것을 강요한다면 결코 진실한 사랑을 이룰 수 없다. 사랑하는 사이는 서로 가르치려 들지도 말고 버릇을 고치려 들지도 말아야 한다. 그렇다고 해서 '네가 아무리 잘못해도 내가 다 이해하겠다'는 식의 아량을 베풀어서도 안 된다. 그것은 아량이 아니라 오만이다. 사랑은 그저 있는 그대로의 상대를 인정하고 한없이 사랑스러운 시선으로 그윽이 바라보는 것이며 그런 고운 시선이 늘 자기에게 머물 수 있도록 항상 자신을 가꾸는 것이다. 그게 바로 비익조와 연리지의 모습이 아닐까?

願 : 원할 원   比 : 견줄 비, 나란히 할 비
翼 : 날개 익   連 : 이을 련(연)
理 : 이치 이   枝 : 가지 지

제2부

풀의 마음으로 봄볕의
은혜에 어이 보답하리
―부모, 자식 사이의 사랑

29. 어버이

> 誰言寸草心으로 報得三春輝인고?
> 수 언 촌 초 심   보 득 삼 춘 휘

누가 감히
말할 수 있으리오?

한 마디
풀의 마음으로

(그 풀을 길러준)

따뜻한
삼월 봄볕의 은혜에
보답할 수 있다고.

당나라 때의 시인
맹교(孟郊)의
「유자음(遊子吟)」이라는
시의 마지막 두 구절이다.

(괄호 안은 의미전달을 위해 내용을 덧붙임_편저자)

이 시의 전문全文을 옮겨보면 다음과 같다.

   실과 바늘을 잡은 어머니의 손
   길 떠날 아들의 옷을 짓기 위해서라네.
   한 땀, 또 한 땀
   촘촘하게 꿰매 바느질을 하는 뜻은
   아들이
   아무리 늦게 돌아오더라도
   어머니 품으로 돌아오는 그 때까지
   옷이 해지지 않게 하기 위해서라네.
   누가 감히 말할 수 있으리오?
   한 마디 풀의 마음으로
   따뜻한 삼월 봄볕의 은혜에
   보답할 수 있다고.
   (慈母手中線, 遊子身上衣. 臨行密密縫, 意恐遲遲歸,
   誰言寸草心, 報得三春輝)

어떤 판본에는 '誰言寸草心'구가 '誰將寸草心'으로 되어 있는 것도 있다.

어버이의 사랑은 끝 간 데가 없이 높고 깊다. 그리고 말이 없다. 또 조건이 없다. 만물을 키우는 봄 햇볕처럼 그저 따뜻하게 비춰주고 있을 뿐이다. 그 큰 은혜를 감히 헤아릴 수나 있겠는가? 우리는 흔히 이렇게 말한다.

"아버지, 어머니, 지금은 바쁘니까 조금만 기다리십시오. 제가 이번 일만 잘 풀리고 나면 정말 효자 노릇 한번 잘 하겠습니다."

하지만 말처럼 쉬울까? 부모님은 아이스크림과 같다. 장차 효도할 계획을 짜고 있는 사이에도, 누가 모실 것인가를 논의하고 있는 사이에도 아이스크림은 녹고 있다. 어느 날 아이스크림은 다 녹아 버리고 빈 막대기만 남았을 때 그제야 통곡을 한들 무슨 소용이랴. 바쁘면 바쁜 대로, 형편이 부족하면 부족한 대로 지금 할 수 있는 효를 행하자. 돈으로 효를 대신하려 하지 말고 몸과 마음으로 효를 실천하자. 진심에서 우러나는 안부 전화 한 통화가 효이고, 아내와 자식만 태우던 차에 부모님도 모시는 것 자체가 효도이다.

마누라 눈치를 보느라 부모님 잘 모시자는 말 한 마디도 제대로 못한 남편이었다면 그도 반성하고, 시부모라면 거의 본능적으로 미워하려 드는 며느리였다면 그도 반성하도록 하자. 정작 효도의 행복감을 느끼는 건 부모님이 아니라 나 자신이라는 것을 깨닫도록 하자.

誰 : 누구 수　　　　　　　　　寸 : 마디 촌
報 : 갚을 보　　　　　　　　　得 : 얻을 득
輝 : 빛날 휘

30. 할아버지의 붉은 얼굴

小兒誤喜朱顔在나 一笑那知是醉紅이라.
소 아 오 희 주 안 재   일 소 나 지 시 취 홍

어린 아이는
아직도
내게
젊음의 붉은 얼굴빛이
남은 줄로 알고
기뻐하다가

한번 웃자
드러난
이가 빠진 잇몸

젊음의 붉은 빛이 아니라
술기운에
붉어진 빛임을 알게 됐다네.

송나라 때의 문장가인
소동파(蘇東坡)가 쓴
「종필(縱筆, 붓 가는 대로)」라는
시의 끝 두 구절이다.

몸은 쇠하고 머리는 하얗게 센 노인이 모처럼 술을 한 잔하였다. 파리하던 얼굴에 술기운이 돌면서 불그레해졌다. 열두 서너 살 남짓한 어린 손자 녀석이 붉어진 할아버지 얼굴을 보더니 할아버지가 요즈음 다시 젊어진 줄로 알고 좋아한다. "할아버지!"를 크게 외치며 달려가니 반가운 마음에 할아버지가 모처럼 함박웃음을 지으신다. 그러자 웃음 뒤에 나타나는 아아! 다시 크게 잡히는 주름, 다 빠져버린 이. 손자 녀석은 할아버지의 붉은 얼굴빛이 젊음의 붉은 빛이 아니라 술로 인한 것임을 알아차린다. 그리곤 말없이 할아버지를 안아본다.

어느 시인은 '어머니'라는 이름은 듣기만 하여도 눈물이 난다고 하였다. 손자에게 있어서 '할아버지'라는 이름도 그런 느낌으로 다가와야 한다. 고향에 가서 노부모를 모시고 살 수만 있다면 얼마나 좋으랴만 현대의 생활이 그럴 수는 없으니 최소한 봄, 여름, 가을, 겨울, 한 철에 한번씩이라도 자식들을 데리고 부모님을 찾아뵙도록 하자. 그리하여 자식들로 하여금 깡마른 할아버지 손길 속에 아직 남아있는 따뜻한 온기를 느끼게 하자. 그리고 늙어가는 할아버지 모습에서 가슴이 뭉클해지는 안타까움을 느끼게 하자. 나이가 들수록 내 모습이 나의 아버지, 어머니를 더 닮아가고 있음을 느낀다면 부모님이란 항상 저미는 가슴으로 생각해야 할 분임을 잊지 말아야 한다.

정완영 시인은 아버지를 이렇게 읊었다.

사흘 와 계시다가 말없이 돌아가시는
아버님 모시 두루막 빛바랜 흰 자락이
웬일로 제 가슴에 눈물로만 스밉니다.

어스름 짙어오는 아버님 여일 위에
꽃으로 비춰드릴 제 마음 없사오매
생각은 무지개 되어 고향길을 덮습니다.

손 내밀면 잡혀질 듯한 어릴 제 시절이온데
할아버님 닮아가는 아버님의 모습 뒤에
저 또한 그 날 그 때의 아버님을 닮습니다.

'어머니' 뿐 아니라, '아버지'라는 이름도 우리로 하여금 눈물이 나게 하기는 매한가지다. 아버지, 어머니 다 뜨거운 눈물로 적셔드려야 할 이름들이다.

| 誤 : 잘못 오 | 喜 : 기쁠 희 | 朱 : 붉을 주 |
| 顔 : 얼굴 안 | 那 : 그것 나, 어찌 나 | |

31. 하루, 한 시간이 아까운 마음

於愛日之誠에 自有不能已者하라.
어 애 일 지 성   자 유 불 능 이 자

부모님은
1초,
1분,
1시간,
하루를 아끼는
정성으로 모셔서

그만두려고 해도
스스로
그만둘 수 없음이 있어야 한다.

『논어(論語)』
「이인편(里人篇)」
제21장의 주(註)에 나오는
말이다.

이 말을 이해하기 위해서는 『논어論語』「이인편里人篇」 제21장의 원문을 볼 필요가 있다. 원문은 다음과 같다.

> 父母之年은 不可不知也니 一則以喜요 一則以懼니라.
> 부모지년　　불가불지야　　일즉이희　　일즉이구

해석하면 다음과 같은 뜻이다.

"부모님의 연세는 알지 않으면 안 되나니, 그 까닭은 부모님의 나이를 안다는 것이 한편으로는 기쁘면서도 한편으로는 두렵기 때문이다."

　부연 설명하자면, 부모님의 연세를 앎으로써 건강하게 오래 사신 것을 확인하였으니 한편으로는 기쁘지만 다른 한편으로는 연세가 많다는 것은 그만큼 돌아가실 날이 가깝다는 뜻이니 혹시라도 건강이 안 좋아지실까 봐 두렵다는 것이다.
　송나라 때의 학자인 주자朱子는 논어의 이 부분에 주를 달면서 바로 '애일지성愛日之誠'이라는 말을 썼다. 부모님을 모실 때는 모실 수 있는 날짜가 자꾸 적어짐을 안타깝게 여겨 날짜를 아끼는 마음으로 정성스럽게 모셔서 누가 뭐라고 해도 그 정성스런 '모심'을 스스로 그만둘 수 없는 상태가 되어야 한다는 뜻이다.
　세상이 아무리 변하고 설령 사회보장제도가 발달한다 하여도 효도는 여전히 우리의 미덕이고, 백 번을 강조해도 지나치지 않은 덕목임을 알아야 한다. 현대화라는 미명 아래 전통문화를 도외시한 나머지 효도마저도 의미 없는 일로 보아서는 안 된다. 한번 때가 지나버리면 하고 싶어도 못하는 게 효도임을 명심하자.

於 : 어조사 어
誠 : 정성 성
已 : 그만둘 이
懼 : 두려울 구

愛 : 사랑 애
能 : 능할 능
喜 : 기쁠 희

32. 시원한 돗자리와 따뜻한 이불

夏則扇枕席하고 冬則以身溫被라.
하 즉 선 침 석   동 즉 이 신 온 피

여름엔
베개와 돗자리에
부채질이라도 해서
내 부모님 드실 잠자리를
시원하게 해 놓고 싶습니다.

『진서(晉書)』
「왕연전(王延傳)」에
나오는 말이다.

겨울에는
내 몸으로
내 부모님 드실 이불을
미리 따뜻하게 데워 놓고 싶습니다.

중국 진晉나라 때 사람인 왕연王延은 효행으로 유명한 사람이다. 그는 아홉 살 때 어머니를 여의고 3년 상을 치르는 동안 내내 피눈물을 흘리며 울었고, 삼 년 상을 마친 후에도 매년 제사 때가 되면 열흘씩을 울었다고 한다. 후에 계모가 들어왔는데 그 계모의 학대가 매우 심했다. 그러나 왕연은 그런 계모에게 더욱 정성을 다하였다. 여름에는 어머니의 베개와 돗자리에 부채질을 하여 미리 시원하게 해 놓고, 겨울에는 일부러 어머니의 이불 안에 미리 들어가서 몸으로 이불을 따뜻하게 데워 놓았다. 이러한 효성에 감탄하여 계모는 더 이상 왕연을 학대하지 않고 친자식처럼 잘 돌보았다. 후에 왕연은 훌륭한 인물이 되어 좌승상의 자리에까지 오르게 되었다. 왕연의 정성이 계모의 마음을 바꾸어 놓았듯이 지극한 정성은 언젠가는 큰 감동을 낳게 된다.

사랑은 효과나 성과를 따지지 않고 투자하는 지속적인 정성이다. 자식의 학교 성적이 좀 낮다고 해서 "이 녀석 공부하기는 틀렸나 보다"고 쉽게 포기할 일도 아니고, 아내 혹은 남편의 하는 짓이 왠지 마음에 들지 않는다고 해서 "글렀다"고 체념할 일도 아니다. 지금 이 자리에서 할 수 있는 최선을 다하려고 노력을 할 뿐이다. 이 노력은 다른 사람을 위해서 하는 노력이 아니라 자신을 위해서 하는 노력이다. "내 발 밑을 파라, 거기에 맑은 샘물이 솟으리라." 지금 내가 서 있는 이 자리에서 최선의 정성을 다하도록 하자. 특히 부모님을 모시는 일에 있어서는.

扇 : 부채 선, 부채질할 선	枕 : 베개 침
席 : 자리 석	溫 : 따뜻할 온
被 : 입을 피, 이불 피

33. 사나이 눈물

莫道男兒心如鐵하라 君不見가?
막 도 남 아 심 여 철　　　군 불 견
滿川紅葉이 盡是離人眼中血인 것을.
만 천 홍 엽　　진 시 리 인 안 중 혈

남자의 마음은
무쇠와 같이 강한 거라고요?

그런 말 마세요.

그대는 보지 못하셨나요?

명나라의 극작가인
동해원(董解元)이 쓴
일종의 악극 대본인
「서상기제궁조(西廂記諸宮調)」권6에 나오는
말이다.

시내 가득 흐르는
붉은 낙엽이
모두
떠나는 이 남자의
눈에서 흐른 피눈물인 것을.

어떤 가수가 불러서 유행한 노래 중에 「사나이 눈물」이라는 노래가 있다. 그 가사 중에는 '언제 한번 울어볼 날이……'라고 절규하는 대목이 있다. 예나 지금이나 사나이는 함부로 울어서는 안 되는 것으로 여기고 있다. 그러나 사나이들도 정말 울고 싶을 때가 있다. 아픈 이별 앞에서도 울고 싶고, 늙어가는 부모님 앞에서도 울고 싶을 때가 있다.

마음 같아선 매일이라도 가보고 싶은 부모님 계시는 고향집! 어쩌다 하루 틈을 내어 고향에 내려가 보면 전번에 뵈올 때보다 더 늙어버린 모습에 마음이 젖고, 다시 돌아올 때는 덜렁한 집 대문 앞에서 하얀 노인 두 분만 서서 잘 가라고 흔드는 손에 마음이 저려온다. 젖어오는 눈시울, 아내나 아이가 볼까 봐 운전석 왼쪽 창만 가끔 바라본다. 때마침 라디오에서 '다시 듣고 싶은 노래'라는 제목으로 슬픈 사연과 함께 그 옛날 남진이 불렀던 "어머님 오늘 하루를……"이라는 노래라도 흘러나오면 마음은 온통 젖어 버리고 만다. 이럴 땐 어디 시냇물 가득 떠가는 단풍잎만 피눈물이랴! 세상이 온통 눈물이 된다. 사나이라 해서 어찌 눈물이 없으랴? 모르는 사람들이 사나이를 일러 '무쇠 같다' 하는 게지.

33. 사나이 눈물

莫 : 말 막	道 : 말할 도
鐵 : 쇠 철	滿 : 가득할 만
盡 : 다할 진

34. 늙은 아들의 어머니

五十兒有七十母하니 此福人間得應難이라.
오 십 아 유 칠 십 모   차 복 인 간 득 응 난

50살의 아들에게
70세의 어머니가
계신다면……

인간 세상에서
이런 복을 얻기란
정말
쉽지 않을 것이다.

일본의 시인 라이산요(賴山陽, 1780~1832)가 쓴 「송모로상단가(送母路上短歌, 어머니를 배웅하고 돌아오는 길에 쓴 시)」의 제11, 12구이다.

아들도 머리가 세어 희끗희끗한데 그런 아들에게 노모가 계신다는 것은 정말 큰 복이 아닐 수 없다.

어머니는 언제라도 달려가 안기고 싶은 분이다. 초등학교에 다니던 시절, 학교에서 상을 탔을 때도 제일 먼저 뛰어가 안기고 싶었던 곳이 어머니의 품이었고, 대학 입학 시험에 합격하여 큰 소리로 소식을 전하고 싶었던 분도 어머니가 으뜸이었으며, 군대에서 혹독한 훈련을 받을 때에도 가장 그리웠던 게 어머니의 품이다.

모든 기쁜 일은 다 알려 드리고서 어머니의 기뻐하시는 모습을 보는 것으로 인하여 더 큰 기쁨을 누리고 싶은 게 자식의 마음일 것이다. 또 큰 슬픔이 있을 때에도 가장 듣고 싶은 게 어머니의 따뜻한 목소리일 것이다. 어머니가 계시지 않는다면 뛸 듯이 기쁜 일이 있을 때 그 기쁨을 어떻게 알려 드리며 슬픈 일이 있을 때 따뜻한 목소리를 어떻게 들을 수 있겠는가?

자식이 50살이 넘었는데도 기쁜 소식을 알려 드릴 수 있고, 슬픔을 위로 받을 수 있는 그런 어머니가 살아 계신다는 것은 정말 큰 행복이 아닐 수 없다. 복은 복으로 느끼면서 살아야 한다. 한번 지나가 버리면 다시는 붙잡을 수 없는 게 부모를 모실 수 있는 복이다. 다시 한번 어머니를 생각하도록 하자.

兒 : 아이 아   此 : 이 차   福 : 복 복
應 : 마땅히 응   難 : 어려울 난

35. 세상에서 가장 맛있는 식사

大烹豆腐瓜薑菜하여　高會夫妻兒女孫이라.
대팽두부과강채　　　고회부처아여손

두부며
오이며
생강 등의 나물을
풍성히 삶아 놓고

우리 부부,
아들,
딸,
손녀들이

높은 뜻을 품고
모여 앉으면…….

추사 김정희 선생이 만년에
쓰신 예서(隸書) 대련(對聯)
작품에 나오는 글이다.

이 작품은 추사 서예를 대표하는 명작 중의 명작이다. 작품의 양쪽에 작은 글씨로 쓴 협서脇書를 보면 다음과 같은 설명이 있다.

"이것은 촌사람이 누릴 수 있는 제일의 즐거움이다. 비록 허리에 됫박만한 황금 도장을 차고 식사 때마다 시중드는 첩을 수백 명씩 거느린 권세가權勢家라 하더라도 능히 이 맛, 이 즐거움을 누리는 사람이 몇이나 될까?"

산해진미가 따로 없다. 가족끼리 화목한 분위기에서 먹는 음식이 가장 맛있는 음식이다. 게다가 가족 모두가 비록 가난하더라도 속되지 않게 살아가려는 높은 뜻이 있다면 더 이상 무엇을 바라랴! 오늘은 옥수수라도 한 소쿠리 삶아 놓고 온 가족이 둘러앉아 볼 일이다.

烹 : 삶을 팽   豆 : 콩 두
腐 : 썩을 부   瓜 : 외 과
薑 : 생강 강   菜 : 나물 채
會 : 모일 회   夫 : 남편 부
妻 : 아내 처   兒 : 아이 아
孫 : 손자 손

36. 자식만이 희망

> 無官一身輕 有子萬事足.
> 무 관 일 신 경 유 자 만 사 족

관직이 없으니
이
한 몸이 가볍고

자식이 있으니
이
세상
모든 일이
다
족하네.

이것은 소동파가 그의 동생 소철 (蘇轍, 字는 子由)이 넷째 손자를 본 것을 축하하여 지은 시 「하자유생제사손(賀子由生第四孫)」의 한 구절이다.

따지고 보면 관직에 얽매여 있던 사람이 관직을 벗어 버리는 일만큼 시원한 일도 많지 않을 것이다. 그런데 이처럼 관직을 벗어난 것을 시원스럽게 생각하는 사람이 있었는가 하면 오늘날처럼 정년퇴직을 매우 아쉬워하는 사람이 많은 시대도 있다. 때가 되면 스스로 알아서 물러날 줄 알아야 할 텐데 그게 잘 안 되는 일인가 보다.

자식이 있으니 만사가 다 풍족하다고 여기는 사람이 있는가 하면 '무자식 상팔자'라는 말을 입버릇처럼 되뇌는 사람이 있다. 과연 자식은 있어도 걱정, 없어도 걱정일까? 아닐 것이다. 있는 편이 없는 것보다는 천 배 만 배 나을 것이다. 이왕에 낳은 아들, 딸 잘 가르쳐 볼 일이다. 부모 욕심대로 가르치려 하지 말고 자식이 하고자 하는 바를 살펴가며 가르칠 일이다.

관직을 물러나는 일을 영광과 기쁨으로 여기고, 자식 하나면 온 세상을 다 얻은 듯이 만족하는 세상은 참 아름다운 세상이다. 마음먹기에 달려 있다. 오늘 당장 그런 세상을 꿈꾸어 보도록 하자.

無 : 없을 무　　　官 : 벼슬 관　　　輕 : 가벼울 경
萬 : 일만 만　　　事 : 일 사　　　　足 : 만족할 족

37. 내 자식은 특별히 총명하기를 바라지만

人皆養子望聰明이나 我被聰明誤一生이네
인개양자망총명   아피총명오일생
惟願孩兒愚且魯하여 無災無難到公卿이면.
유원해아우차로   무재무난도공경

자식을 기르는 사람이라면 누구라도
제 자식이 특별히 총명하기를 바라지만

나는
총명함이 오히려
내 일생을 망쳤다네.

원컨대
내 아들은 어리석고 노둔하여
아무런 재앙이나 어려움을
당하지 않으면서도
지위는
공경대부에
올랐으면 좋겠네.

중국 송나라 때의 시인
소동파가 자신의 아들에게
장난삼아 지어 보인
「시아희작(示兒戲作)」이라는
시이다.

중국 소동파의 초탈한 정신과 은근한 풍자와 함께 자식 사랑의 마음을 볼 수 있는 재미있는 시이다. 소동파는 정치적으로 매우 불행하였다. 그래서 거의 한 평생을 이곳저곳으로 귀양을 다니며 보냈다. 너무 똑똑하고 강직한 탓에 자초한 결과였다. 그래서 소동파는 자신의 자식은 어리석은 듯이 살았으면 좋겠다는 바람을 가졌다. 그런데 그 다음에 이어지는 말이 재미있다. 어리석은 듯이 살아감으로써 남의 시기나 모함을 받는 재앙은 전혀 겪지 않으면서도 지위는 공경대부에 올랐으면 좋겠다고 하였으니 말이다. 소동파 자신이 똑똑하고 강직한 탓에 얼마나 많은 사람들의 시기와 질투에 시달렸으면 그런 생각을 다하게 되었을까? 측은한 생각이 들 정도이다. 그런데 한편으로 보면 동파의 이 시에는 진한 풍자도 들어 있다. 공경대부들은 본시 바탕은 다 어리석은데 줄만 잘 서고, 또 강직하거나 정의롭지도 못하여 모함을 당할 일이 아예 없이 그저 무난하게 승진이나 한 사람들이라는 풍자가 들어있는 것이다. 동파의 천재성을 볼 수 있는 정말 재치 있는 시이다.

자신의 자식이 아무 탈 없이 누구로부터도 시달림을 당하는 일이 없이 높은 지위에 오르기를 바라는 것은 부모된 사람의 공통된 마음일 것이다. 자신의 자식이 최소한의 노력으로 최대한의 부와 권세를 창출하여 그것을 누리고 살기를 바라는 게 부모의 상정常情인 것이다. 그러나 그것은 욕심일 뿐 세상에 그렇게 운 좋은 일은 별로 일어나지 않는다. 따라서 고생을 당연한 일로 여기고 평소에 단련을 게을리 하지 않게 하는 것이 진정으로 자식을 위하는 일이다. 그리고 설령 귀양을 가는 한이 있더라도 바르고 정의롭게 살라고 가르치는 게 부모의 도리일 것이다.

皆 : 다 개	養 : 기를 양	聰 : 총명할 총
被 : 입을 피	誤 : 그르칠 오	惟 : 오직 유
願 : 바랄 원	孩 : 아이 해	愚 : 어리석을 우
魯 : 둔할 로(노)	災 : 재앙 재	卿 : 벼슬 경

38. 부모가 계시면

父母在어시든 不遠遊하며 遊必有方이니라.
　부 모 재　　　　　불 원 유　　　　유 필 유 방

부모님이 계시거든
먼 곳으로
외유를 나가지 않으며

나가게 되면
반드시
있는 곳을 분명히 해야 한다.

『논어(論語)』
「이인편(里仁篇)」에
나오는 말이다.

108　제2부 풀의 마음으로 봄볕의 은혜에 어이 보답하리 ; 부모, 자식 사이의 사랑

부모는 평생 동안 자식을 걱정하며 산다. 그래서 80세가 되고, 90세가 되어서도 자식을 보면 본능적으로 튀어나오는 말이 "조심해라"이다. 이런 부모님의 입장에서 볼 때 자식이 부모의 곁을 떠나 멀리 간다는 것은 어떠한 일보다도 걱정이 되는 일이다. 그래서 옛사람들은 "부모가 계시거든 먼 곳으로 외유를 나가지 않으며 나가게 되면 반드시 있는 곳을 분명히 해야 한다."고 가르쳤다. 그러나 세상이 많이 달라져 세계가 한 마을이 되다시피 한 지금, 부모가 계시다고 해서 사업상 교육상 먼 곳으로 떠나야 하는 여행을 포기할 수는 없을 것이다. 그렇게 여행을 하지 않고서는 생활이 불가능한 경우도 있을 테니 말이다. 이러한 관점에서 본다면 논어에 나오는 이 말은 이미 고리타분한 말이 되어버렸음에 틀림이 없다. 그렇다면 고리타분한 말이니 아예 버려야 하는가? 그렇지 않다. 말 그대로를 실천하기는 어렵겠지만 그 말에 담긴 정신은 배울 수 있고 또 배워야 한다. 황금같은 휴가를 얻었을 때 휴가라고 해서 으레 아내와 자식만 데리고 여행을 떠나려 들지 말고 부모님과 함께 하는 시간도 갖도록 하자. 부득이 부모님과 함께 할 수 없는 여행이라면 최소한 가는 곳이라도 알려드려야 할 것이고, 다녀와서는 잘 다녀왔다는 인사 전화라도 올릴 수 있어야 할 것이다.

遠 : 멀 원   遊 : 놀 유   方 : 방향 방

제3부

한 잔 하시겠는가
— 친구 사랑

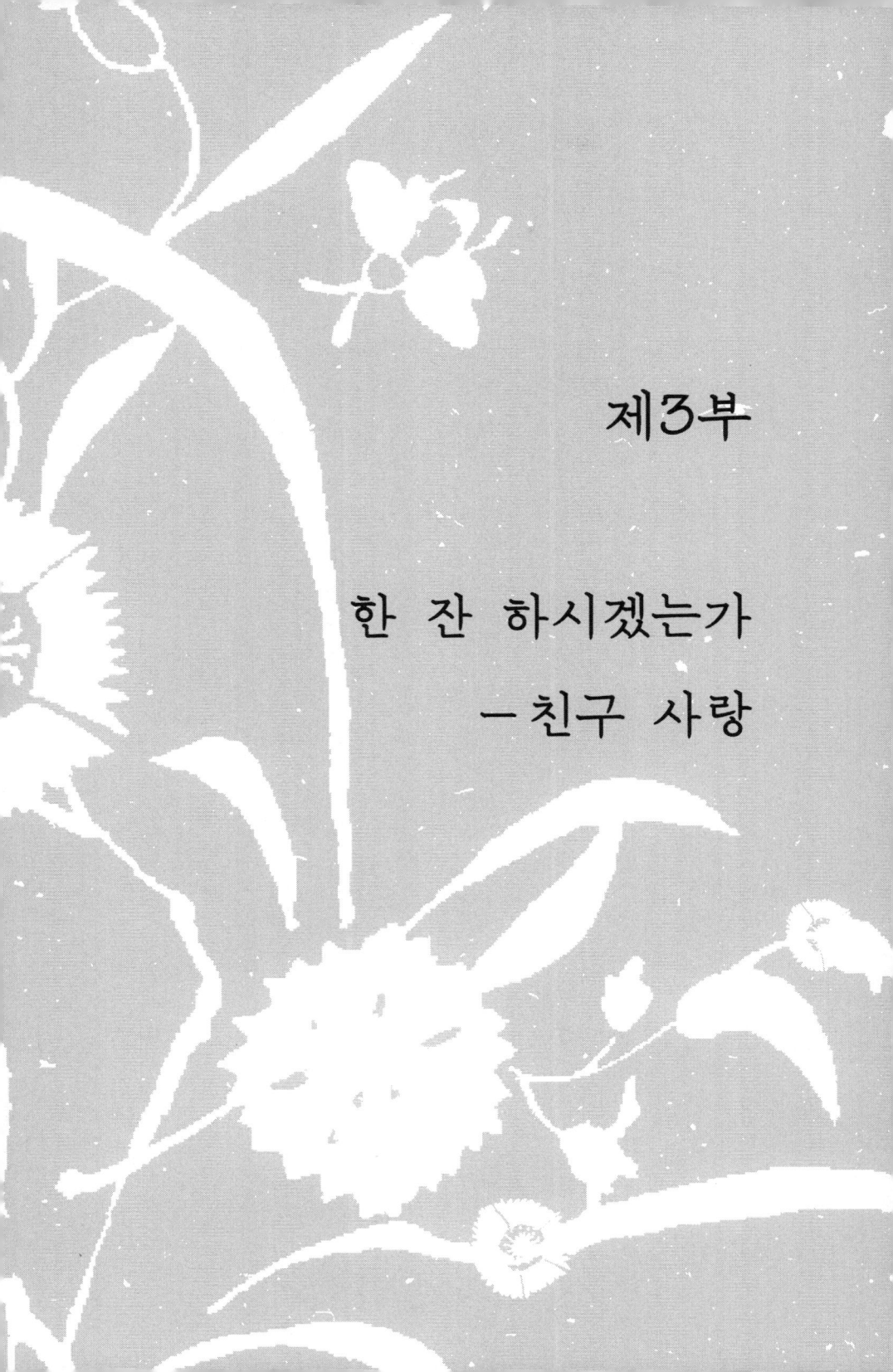

39. 한 잔 하시겠는가?

綠蟻新醅酒하고 紅泥小火爐하며
녹 의 신 배 주　　홍 니 소 화 로
晚來天欲雪하니 能飮一杯無오?
만 래 천 욕 설　　능 음 일 배 무

새로 거른 좋은 술
붉은 흙으로 만든 작은 화로엔
온기가 가득한데

해 질 녘 하늘에선
금세 눈이라도 내릴 양이니

그대여!
한 잔함이 어떻겠소?

당나라 때의 시인인 백거이(白居易)의 「문유십구(問劉十九, 유십구에게 묻나니)」라는 시이다.

이 시의 제목에 나오는 '유십구劉十九'는 사람 이름이 아니라 '유劉씨 집안의 열여덟 번째 사람'이라는 뜻이다. 중국 당나라 때 사람들은 친한 사람을 부를 때 흔히 집안에서의 서열을 애칭으로 불렀다. 이 시 제목에 나오는 유십구 역시 그런 식으로 부른 호칭이다. 시의 내용으로 보아 유십구는 백거이와 매우 친했던 인물인 것 같은데 구체적으로 누구를 가리키는지는 알 수가 없다.

'녹의綠蟻'란 본래 잘 익은 새 술독을 열었을 때 술 위에 떠있는 부유물浮游物을 일컫는 말인데 나중에는 뜻이 확대되어 맛좋은 명주名酒의 별칭으로 쓰이게 되었다.

마침 새로 거른 맛있는 술이 있는데다가 화롯불은 따뜻하게 피어오르는데 금방이라도 하얀 눈이 펑펑 쏟아질 듯이 잔뜩 찌푸린 해 질 녘의 하늘. 이런 상황에서 술 한 잔하고 싶은 생각이 들지 않는다면 그런 사람은 정말 멋이 없는 사람이다. 이런 날엔 다정한 친구를 불러서 운치 있게 한 잔을 해야 한다. 그래서 백거이는 유십구를 향해서 이 시를 썼다. 아마 이 시는 곧바로 인편을 통해 유십구에게 전해졌을 것이다. 그리고 그 날 밤 멋진 술자리가 벌어졌을 것이다. 술은 이렇게 좋은 사람과 함께 인정과 운치로 마셔야 한다. 운치가 없는 술자리엔 탈선만 있게 된다. 운치는 없고, 향락만 있는 술자리를 빈번하게 갖는 것은 인생의 낭비이다. 요즈음엔 정말 운치 있는 술자리를 만나기가 쉽지 않다.

대한민국의 술 마시는 풍속도는 거의 획일화 되어 있다. 삼겹살 같은 기름진 음식으로 배를 채우며 소주를 어느 정도 얼큰하게 마신 다음에는 "야! 2차는 노래방이다"고 하면서 떼 지어 노래방으로 향한다. 노래방에서는 기계의 도움으로 기성 가수들의 흉내를 내며 목청껏 노래를 부른다. 그러면서 '입가심'으로 불법의 맥주를 몇 잔씩 마신다. 이런 노래판이 끝나고 나면 "자, 3차 가자"는 말과 함께 가능한 한 으슥한 술집을 찾기 시작한다. 풍류나 운치는커녕 친구들 사이에 이야기를 할 틈도 없는 술자리가 계속 된다.

언제 우리는 운치 있는 술 문화를 회복할 수 있을까? 운치 있는 술을 마실 수 있도록 입에 술잔을 대기 전에 가슴 속에 문화를 먼저 앉히도록 하자.

綠 : 푸를 녹(록)   蟻 : 개미 의   醅 : 술 거를 배
泥 : 진흙 니(이)   爐 : 화로 로(노)

---

40. 어떤 사람들과 어울려 살 것인가?

與善人居면 如入芝蘭之室하여
여선인거   여입지란지실

久而不聞其香하고 與惡人居면
구이불문기향   여악인거

如入鮑魚之肆하여 久而不聞其臭라.
여입포어지사   구이불문기취

착한 사람들과 더불어 살면
마치 향기로운 지초와 난초가 있는 방에 들어간 것과 같아서
오래 있다 보면
그 향을 맡지 못하고,

악한 사람들과 더불어 살면
마치 어물전에 들어선 것과 같아서
오래 있다 보면
그 냄새를 맡지 못한다.

한나라 사람 유향(劉向)이 쓴 『설원(說苑)』이라는 책의 「잡언편(雜言篇)」에 나오는 말이다.

붓글씨를 쓰는 선비의 방에 처음 들어섰을 때는 먹의 향기 이른바 '묵향'이 아주 기분 좋게 코끝에 와 닿는다. 그러나 한참 있다 보면 나 또한 그 향기에 동화되어 향기를 느끼지 못하게 된다.

화장실에 가서 용변을 하다 보면 처음엔 냄새가 나다가도 조금 지나면 거의 냄새를 느끼지 못한다. 이미 코가 냄새에 중독이 되었기 때문이다.

사람의 일상생활도 마찬가지이다. 늘 선한 사람들과 어울려 살면 자신도 모르게 선한 사람이 되고, 늘 악한 사람들과 어울려 살면 자신도 모르게 악한 사람이 되어 간다. 문제는 바로 자신도 모르는 사이에 그렇게 변해 간다는 데에 있다. 선하게 변하는 것이야 자신이 모른다 해도 상관이 없겠지만 자신도 모르는 사이에 악한 사람으로

40. 어떤 사람들과 어울려 살 것인가?

변해 가고 있다면 그것은 얼마나 끔찍한 일인가? 그래서 사람은 늘 착한 사람과 어울려 살아야 한다. 그리고 사악한 것은 보려고도, 들으려고도 하지 않아야 한다.

芷 : 지초 지	蘭 : 난초 난	室 : 집 실
久 : 오래 구	鮑 : 절인 어물 포	肆 : 가게 사
臭 : 냄새 취		

41. 한 마음

二人同心이면 其利斷金하고
이 인 동 심　　　기 리 단 금

同心之言은 其臭如蘭이라.
동 심 지 언　　　기 취 여 란

두 사람이 한 마음이면
그 한 마음에서 나오는
날카로운 힘이
쇠도 자를 만하고

한 마음에서
나오는 말은
그 향기가
마치
난초의 향기와 같다.

『주역(周易)』
「繫辭」상(上)에 나오는 말이다.

  여기서 말하는 '二人'이란 꼭 두 사람만을 의미하는 것으로 이해하기보다는 서로 다른 사람들 사이라는 뜻으로 이해해야 할 것이다. 여러 사람이 한 마음이 되어 동일한 목표를 가지고 그 일을 해나간다면 못할 일이 없을 것이다.

  불가사의한 일 중의 하나인 피라미드를 세우게 한 것도 과학기술이나 수없이 많이 동원된 노동력이 아니라 한 마음, 한 뜻으로 그것을 세우고자 한 종교의 힘이었다고 주장하는 학자가 있다. 설득력 있는 주장이다. 강제로 동원된 노예의 힘으로는 피라미드를 쌓을 수 없었을 것이다. 한 마음에서 우러나오는 힘이라야 쇠도 녹이고, 돌도 주무를 수 있다. 어디 힘뿐이겠는가? 한 마음에서 우러나와 의

기를 투합하게 하는 말은 또 얼마나 아름답고 향기로운가? 완전히 한 마음이 되어 티끌만큼의 거짓도 없는 말, 그런 말이 진짜 말이다. 우리가 만약 인생 100년을 살면 그런 진실의 말을 몇 번이나 하고 또 들을 수 있을까? 단 한번이라도 들을 수 있다면 그 사람은 행복한 사람이다. 오늘도 술자리에서는 안주 삼아 나오는 말들이 무성할 것이고, 게슴츠레 취한 눈으로 그런 말들의 '저의底意'를 파악하느라 사람들은 분주하게 머리를 굴리고 있을 것이다. 이에 피곤함을 느낀다면 우선 나부터 난초 향기가 솔솔 나는 그런 진실의 말을 할 수 있도록 노력해 보자. 그리고 사람과 사람 사이에서 싹트는 깊은 믿음을 바탕으로 마음을 합해 쇠도 녹이는 힘이 나오도록 해보자.

利 : 날카로울 리	斷 : 끊을 단
金 : 쇠 금	臭 : 냄새 취
如 : 같을 여	蘭 : 난초 란(난)

42. 옷과 친구

衣不如新하고 人不如故라.
의 불 여 신   인 불 여 고

옷은
새 옷만 한 게 없고

사람(친구)은
오래 사귀어온 사람만한 사람이 없다.

한(漢)나라 때의 악부시(樂府詩)인 「고염가(古艷歌)」의 한 구절이다.

새 옷을 사준다고 해서 기분 나빠할 사람은 아무도 없을 것이다. 사람들의 그러한 심리 때문에 패션이라는 문화가 발달하게 되었다. 사람들은 옷은 새 옷을 선호하는 데 반해 사람은 옛 사람을 더 소중하게 여겨왔다. 그래서 사람들은 오랜 친구를 둔 것을 자랑으로 여기고, 세상에는 '옛 친구'를 소재로 한 노래도 많고 시도 많다. 그리고 우리말에는 '조강지처糟糠之妻'라는 말도 있고 '구관舊官이 명관名官'이라는 속담도 있다. 그런데 요즈음에는 옛 사람이 대접을 못 받는 경우가 도처에서 나타나고 있다. 성격 차를 이유로 조강지처 버리기를 헌 신발 버리듯 하는 사람도 있고, 남편 내팽개치기를 쓰레기 버리듯 하는 사람도 있다. 급증하기를 거듭해 결국은 세계 1위를 점하게 된 우리나라의 이혼율이 그러한 풍조를 그대로 대변하고 있다. 그리고 '구관이 명관'이라는 말은 거의 옛 이야기가 되고 말았다. 개혁 바람에 편승하여 나이든 사람은 으레 몰아내야 할 사람으로 간주하는 바람에 나이든 사람들이 점차 발붙일 곳을 잃고 있다. 대부분의 회사에서는 40대 임원들이 실세로 떠오르고 있고, 일반 직원의 경우엔 '사오정', '삼팔선'이라는 말도 나오고 있다. 사람도 옷처럼 새로운 것만 찾는 세상이 되어가고 있는 것이다. 참신한 인물은 물론 필요하다. 그렇다고 해서 묵은 사람을 무조건 홀대해서는 안 된다. 옷도 사람도 새 것만 찾는다면 머지않아 세상은 큰 혼란에 빠지게 될 것이다. 조화에 대해 깊이 생각해야 할 때이다. 새로운 세상에 적응하기 위해 새로운 친구를 사귀는 것도 매우 중요한 일이지만 언제라도 그리워하고 또 보고 싶어 할 수 있는 옛 친구를 갖는 것은 더 행복한 일임을 알아야 할 것이다.

衣 : 옷 의　　　　新 : 새로울 신　　　　故 : 옛 고

43. 물 맛

君子之交는 淡若水하고 小人之交는 甘如醴라.
군자지교　　담약수　　　소인지교　　감여예

군자의 사귐은 담백하기가
마치 물과 같고

『장자(莊子)』
「산목편(山木篇)」에
나오는 말이다.

소인의 사귐은 달기가
마치 단술과 같다.

　군자의 사귐은 담담하기가 마치 물과 같아서 아무런 정이 없는 것 같은 정을 나눈다. 이에 반해 소인들의 사귐은 사탕보다도 달콤한 정을 나누며 마치 간이라도 빼어줄 듯이 있는 정성을 다한다. 그러나 이처럼 달콤한 사귐은 어느 날 조금이라도 감정이 상하는 일이 생기면 금세 원수가 되어 서로 헐뜯는 사이로 돌변하고 만다. 왜 그렇게 돌변하게 되는가? 평소에 너무 달았기 때문이다.
　피자나 라면이 맛있다고 해서 세 끼니만 계속 피자나 라면을 먹어 보라. 나중에는 피자나 라면을 제쳐놓고 간절히 밥을 찾게 될 것이다. 콜라가 맛있다고 해서 물 대신 하루만 콜라를 마시게 해 보라. 제발 물 좀 달라고 아우성을 칠 것이다. 왜 그럴까? 피자나 라면이나 콜라가 너무 맛있기 때문이다. 이에 반해 밥이나 맹물은 평생을 먹고 마셔도 물리지 않는다. 왜 그럴까? 맛이 없기 때문이다. 맹물이야말로 무맛이다. 밥도 마찬가지다. 오죽 맛이 없었으면 '밥맛이다'라는 말이 다 생겼겠는가? 이러한 '무맛의 맛'이 바로 담백한 맛이다. 그래서 평생을 먹어도 물리지 않는다.

   요즈음엔 진정한 친구는 정말 찾기 힘들고 정말 금슬 좋은 부부도 찾기 힘들다. 더불어 이혼도 급증한다. 너무 맛있게 살려고 하기 때문에 그렇게 쉽게 헤어지는 것이다. 콜라처럼 톡 쏘는 삶보다는 물처럼 담담한 삶이 진정으로 아름다운 삶임을 깨달아야 할 것이다. 짜릿하게 준비한 이벤트는 결코 사랑의 선물이 아님을 알아야 한다. 톡 쏘는 맛, 혀에 착 달라붙는 기막힌 맛은 결코 우리를 건강하게 하는 맛이 아님을 알아야 할 것이다. 우리를 흥분하게 하는 자극이 강한 볼거리, 즐길 거리, 놀 거리도 우리를 결코 건강하게 해 주지 않음을 알아야 할 것이다. 유흥가를 기웃거리며 짜릿한 즐거움만 찾는 사람들아! 담담한 마음으로 물맛과 같이 맛이 없으면서도 어느 순간에 진한 감동으로 다가오는 책을 읽도록 해보자. 그리고 물처럼 담백한 모습으로 멀리 있어도 늘 곁에 있는 친구를 사귀어 보도록 하자.

交 : 사귈 교　　　淡 : 맑을 담　　　若 : 같을 약
甘 : 달 감　　　　醴 : 단술 예(례)

44. 눈, 꽃, 술, 달과 생각나는 사람

> 雪想高士하고 花想美人하며
> 설 상 고 사   화 상 미 인
> 酒想俠客하고 月想好友라.
> 주 상 협 객   월 상 호 우

눈을 보면
훌륭한 선비가 생각나고

꽃은
미인을 생각하게 해요.

술은
협객을 생각하게 하고

달은
좋은 친구를 생각하게 해요.

청나라 사람 장조(張潮)가 쓴 『유몽영(幽夢影)』이라는 책에 나오는 말이다.

차가운 눈은 만물을 시들게 하고, 속된 세상의 험한 세파나 달콤한 유혹은 뜻있는 선비들을 병들게 한다. 그런데 그런 세파의 시련이나 유혹 속에서도 병들지 않는 선비가 있으니 그런 선비를 일러 우리는 '고사高士'라고 한다. 그래서 시련의 상징인 눈을 보면 우리는 온갖 시련과 유혹을 이겨내는 훌륭한 선비, 즉 고사를 생각하게 된다.

미인은 꽃에 비교되곤 한다. 그래서 꽃을 보면 우리는 으레 미인을 연상한다.

한 잔의 술은 의기소침했던 마음을 풀어 제법 호기를 부리게 한다. 호기를 부리기로야 협객만 한 사람들이 있겠는가? 그래서 술을 보면 누구나 호걸스런 협객을 생각하게 된다.

'양소의청담良宵宜淸談, 호월미능침皓月未能寢!' 이백의 시구詩句이다. '이 좋은 밤은 마땅히 친구들과 청담을 나누어야 하리, 하얗게 밝은 달이 잠 못 들게 하는데……'라는 뜻이다. 친구와 나누는 달밤의 정담! 아름다운 일이다. 그래서 달은 친구를 생각하게 한다.

자연을 보면서 이렇게 거기에 걸맞는 사람을 생각하고 술을 한 잔 들면서도 호걸스런 협객을 그리는 삶은 얼마나 여유가 있고, 운치가 있는가? 눈이 오면 운전 걱정, 꽃을 보면 결혼식이나 졸업식 생각, 술을 보면 으레 질펀하게 놀아볼 생각만 하고, 달은 아예 쳐다볼 겨를도 없이 사는 현대인, 사막에서 살고 있다. 스스로 사막 탈출의 길을 찾아야 할 것이다.

雪 : 눈 설　　　　想 : 생각할 상　　　酒 : 술 주
俠 : 호협할 협　　客 : 손님 객　　　友 : 벗 우

45. 가장 슬픈 일과 가장 즐거운 일

悲莫悲兮生別離요 樂莫樂兮新相知라.
비 막 비 혜 생 별 리   락 막 락 혜 신 상 지

슬프기로는
생이별 같은 것이 없고,

즐겁기로는
새 사람을 사귀어
서로
알게 되는 것만 한 것이 없네.

중국 초나라 때의 시인 굴원(屈原)의 『구가(九歌)』「소사령(少司令)」의 한 구절이다.

　아침에 눈을 뜨면 항상 어제 있던 그 자리에 있는 가족들을 바라볼 수 있다는 것이 얼마나 행복한 일인가? 아내는 부엌에서, 아이들은 학교 갈 준비에, 그리고 나는 이곳저곳을 돌보고 청소를 하고……. 가족들이 그렇게 하루의 삶을 시작하고 밤이 되면 다시 한자리로 모여든다는 사실만으로도 우리는 굉장히 행복함을 느낀다. 이런 가족 중에 어느 하나가 어느 날 갑자기 멀리 떠난다고 생각해

보라. 우리에게 어쩔 수 없는 운명의 생이별이 다가온다고 생각해 보라. 쉽게 견딜 수 있는 일이겠는가? 그래서 세상에 슬프기로는 생이별 같은 것이 없는 것이다.

　반면에 우리가 어느 날 정말 마음에 드는 사람을 만났다고 생각해 보자. 그렇게도 그리던 꿈속의 어떤 이상형을 드디어 만났다고 생각해 보자. 세상에 그것처럼 가슴 뛰게 하는 일이 또 어디에 있으랴! 그렇게 시작된 만남에 새록새록 정까지 들기 시작한다면 그 만남은 이제 이 세상 모든 것을 다 준다고 해도 바꿀 수 없는 기쁨이 된다. 그래서 즐겁기로는 새로이 사람을 알게 되는 것만 한 것이 없는 것이다.

　이렇게 사람은 가족들끼리 정을 나누며 또 새로운 이웃과 친구와 연인을 기쁨으로 맞이하면서 살고자 한다.

悲 : 슬플 비　　　莫 : 없을 막　　　兮 : 어조사 혜
離 : 떠날 리(이)　樂 : 즐거울 락　　新 : 새로울 신
知 : 알 지

46. 좋은 말도 자주 하면

事君數이면 斯辱矣요 朋友數이면 斯疏矣니라.
사 군 삭   사 욕 의   붕 우 삭   사 소 의

임금을 섬기면서
너무 자주 간(諫) 하면
욕을 당하고

『논어(論語)』
「이인편(里仁篇)」의
끝 구절이다.

친구 사이라 해도
너무 자주 충고하면
멀어지게 된다.

　내가 중학교에 다닐 때 겪었던 일이다. 만화를 너무 좋아하여 공부를 제대로 못하던 친구가 있었다. 오늘날로 치자면 그 친구는 만화 중독이나 게임 중독에 해당하는 학생이었다. 그런 친구가 어느 날 나에게 "오늘부터 만화를 끊을 테니 앞으로 만약 만화를 보거든 어떠한 말을 해서라도 말려 달라"는 부탁을 했다. 나는 다음날부터

그의 감독자가 되었다. 그러나 그 친구는 만화를 쉽게 청산하지 못하고 그 후로도 가끔 만화를 보았다. 그 때마다 나는 어김없이 지적하고 충고를 했다. 그 친구는 나의 충고를 잘 받아 주었다. 그리하여 만화로부터 점차 멀어지는 것처럼 보였다.

그런데 열흘쯤 지난 어느 날, 만화를 보고 있는 그에게 다시 충고를 하자 그 친구는 버럭 화를 내며 "이제 그만 해라!"라며 소리를 쳤다. 말려 달라고 부탁을 하던 때가 엊그제인데 이제는 그만 하라고 소리를 치니 어이가 없었다. 그 후로 그 친구와는 점차 멀어지게 되었다.

충고란 이렇게 쉽잖은 일이다. 아무리 좋은 말이고 또 스스로 듣기를 자원한 말이라고 하더라도 너무 자주하면 비위를 거스르게 된다. 정말 조심해야 할 부분이다. 충간도 지나치면 화를 불러들일 수 있다. 지나친 민주와 자유는 오히려 비민주를 불러올 수 있는 것이다. 국민 모두가 좀 더 차분해져야 할 필요가 있다. 충간과 충고, 정말 쉽지 않은 일임을 알아야 한다. 부부 사이도 마찬가지다. 논리로 사는 게 아니라 정으로 사는 게 부부이기 때문에 충고는 정말 함부로 해서는 안 된다.

事 : 섬길 사   數 : 자주 삭   斯 : 곧 사
辱 : 욕될 욕   疏 : 성길 소   矣 : 어조사 의

47. 나 대하기와 남 대하기

律己宜帶秋氣하고 處世宜帶春氣하라.
율 기 의 대 추 기　　　처 세 의 대 춘 기

자기 자신을
규율로
잡을 때는
마땅히
가을같이 차갑고 냉정한 기운을
띠어야 하고

세상에 처해
남을 대할 때에는
마땅히
봄처럼 따뜻하고 부드러운 기운을
띠어야 한다.

청나라 사람 장조(張潮)가 쓴
『유몽영(幽夢影)』이라는 책에
나오는 말이다.

가을 기운은 싸늘하고 냉정하다. 봄 기운은 따뜻하고 부드럽다. 자기 자신을 들여다 볼 때는 가을 기운처럼 냉정하게 하여 작은 잘못도 용서하지 않아야 보다 나은 자신을 가꿔 나갈 수 있다. 이와는 반대로 남을 대할 때에는 봄바람처럼 따뜻하고 부드럽게 감싸주고 용서해 주어야 한다. 그래야 주변에 사람이 모여들고 덕이 있는 사람이 된다. 그런데 그렇게 하기가 정말 쉽지 않다. 대부분의 사람들이 남의 잘못은 칼날처럼 예리하게 잘 지적하면서도 자기 잘못은 잘 못 보거나 아니면 보고서도 안 본체 한다. 바로 여기에서 싸움이 발생한다. 특히 부부 사이의 싸움은 거의 대부분 자기 잘못을 보지 못한 채 상대에게만 많은 것을 요구함으로써 발생한다. 싸우는 부부를 보면 서로가 "나는 충분히 이해하고 양보했다"고 말한다. 문제는 바로 이 '충분히'라는 말에 있다. 가을 기운으로 자기 자신을 보지 못하고 봄 기운으로 보기 때문에 "충분히 양보했다"는 말이 나오는 것이다. '충분히'가 아니라, '다' 주어야 한다. 사랑은 자기 몫을 조금도 남겨 놓지 않고 다 주는 것이다. 자신을 너그럽게 보기 때문에 조금 주고서도 다 주었다고 생각하고 충분히 주었다고 생각하기 때문에 세상에 다툼이 끊이지 않는 것이다.

나 자신을 냉정하게 보아 겸손한 마음으로 아내를 보았을 때 아내는 이 세상 최고의 여자였었다. 그러나 언제부터인가 나에 대해서는 너그러워지고 아내에 대해서는 인색해지면서부터 아내가 별로 중요하게 보이지를 않았다. 나는 항상 가치 있고, 의미 있는 큰일을 하기 때문에 늘 바쁘며 아내는 별로 하는 일이 없는 사람이라고 생각하면서부터 아내가 눈에 보이지를 않았다. 그렇게 바쁘다는 이유로 또는 가정을 이끌어 나가는 데 절대적으로 필요한 돈을 벌어온다는 이유로, 늘 나와 내 것만을 챙기기에 익숙해 있는 사이에 아내가 폭삭 늙어 버렸다는 사실을 깨달아야 했다.

  나를 볼 때는 가을 기운을 띠고서 냉정하게 보고, 아내를 볼 때는 봄바람처럼 따뜻하고 부드러운 마음으로 보면 세상에 천사가 따로 없다.

  나에 대한 관대한 자만과 이기심은 세상은 물론, 아내나 자식도 제대로 볼 수 없게 한다는 사실을 명심해야 할 것이다.

| 律 : 법 율(률) | 己 : 몸(자기) 기 | 宜 : 마땅 의 |
| 帶 : 띠 대 | 氣 : 기운 기 | 處 : 처할 처 |

48. 오래된 우물과 대나무

無波古井水하고 **有節秋竹竿**이라.
무 파 고 정 수   유 절 추 죽 간

마음에
물결 같은 흔들림이 없기로는
오래된
우물과 같았으면 좋겠다.

절개가 굳기로는
가을 서리를 맞고서도
청청한
대나무 줄기와 같았으면 좋겠다.

당나라 때의 유명한 시인인 백거이(白居易)가 쓴 「증원구(贈元九, 원구에게 줌)」라는 시의 한 구절이다.

땅 위로 저절로 솟아 올라오는 게 샘이고, 땅속 깊이 파 들어가서 지하수를 찾아 그 지하수를 고이게 한 게 우물이다. 이처럼 땅속으로 파 들어간 우물에는 바람이 불지 않는다. 그래서 우물물은 작은 물결도 일지 않는다. 그저 고요하고 안정되어 있기만 하다. 마음은 오직 이런 우물물처럼 고요해야 한다. 요철도 없고, 움직임도 없는 거울이라야 사물의 모습을 제대로 비춰 볼 수 있듯이 자신의 마음이 고요해야 세상만사를 있는 그대로 정확하게 꿰뚫어 볼 수 있다. 그렇다면 고요한 마음만 가지면 그만일까? 아니다. 마음이 고요하기만 하면 자칫 유약해질 수도 있다. 그래서 사람은 고요함과 함께 대나무처럼 곧고 푸른 절개를 가지고 있어야 한다. 평소에는 말도 없고, 나섬도 없이 그저 고요하기만 하다가 정말 큰 절개를 지켜야 할 때 떳떳이 나서서 자신의 기개를 활짝 펼 수 있는 사람, 이런 사람이 진짜 멋있는 사람이다. 이런 사람이야말로 진정한 영웅이다.

이와 반대로, 평소에는 못하는 게 없다는 듯이 자신만만하게 떠들다가도 정작 일을 해야 할 때를 당해서는 한 발자국도 나가지 못하고 꽁무니를 빼는 사람이 있다. 이런 사람이 바로 절개라고는 찾아볼 수 없는 소인이다.

더러 영웅처럼 멋있는 삶을 살고자 하는 꿈을 꾸기도 하지만 영웅되기가 그리 쉬운 일인가? 그러나 비록 큰 영웅은 되지 못한다고 하더라도 최소한 소인은 면해야 한다. 세상에 비열하고 비천한 삶이 소인의 삶이다. 그러나 소인을 면하기도 정말 쉽지 않은 일이다. 노력해야 한다. 우물과 같이 고요하면서도 대나무처럼 곧고 푸른 절개를 지킬 수 있도록 평소에 끊임없는 노력을 해야 하는 것이다.

無 : 없을 무   波 : 물결 파
井 : 우물 정   節 : 절개 절
秋 : 가을 추   竹 : 대 죽
竿 : 장대 간

49. 사랑과 용서

愛人多容이면 可以得衆이라.
애 인 다 용   가 이 득 중

사람을 사랑하고
관용을
많이 베풀면

여러 사람
즉
대중의 지지를 얻을 수 있다.

『삼국지 · 오서(三國志 · 吳書)』의 「종실전(宗室傳)」에 나오는 말이다.

아무리 바른말이라고 하더라도 나를 탓하는 말을 들으면 기분이 언짢고 반면에 마음에 없는 공치사인 줄 알면서도 칭찬을 들으면 기분이 좋아지는 게 인지상정이다. 물론 '나를 비판하는 말은 보약으로 듣고, 나를 칭찬하는 말은 독약으로 듣도록 하라'는 격언이 있는 줄은 세상 사람들이 대부분 다 잘 안다. 잘 알면서도 정작 비판의 소리를 들으면 기분이 나쁘고, 칭찬의 말을 들으면 기분이 매우 좋아지는 것이다. 따라서 우리는 비판보다는 칭찬과 용서를 많이 할 필요가 있다.

그런데 언제부터인가 우리 사회에는 비판의 정도를 넘어 비방의 수준에 이른 날카로운 말들만 넘쳐나고 있다. 과거 군사 독재가 정치를 주도하고 정의롭지 못한 일이 너무 뻔뻔스럽게 자행되는 상황을 많이 겪다 보니 이제는 거의 습관적으로 비판을 앞세우는 풍조가 형성된 것도 사실이다. 그러나 이제는 비판보다는 사랑과 관용을 더 챙겨야 할 때가 아닌가 하는 생각을 해 본다. 물론 정의를 왜곡하고 불의를 은폐하자는 얘기가 아니다. 털어서 먼지가 나지 않을 사람이 없을 터임에도 불구하고 우리는 내 옷은 털려 하지 않고, 남의 옷만 너무 지나치게 털고 있었다는 데에 대한 반성을 하자는 뜻이다. 상대의 옷에 앉은 먼지를 너무 가혹하게 탓하고 들면 사람들은 필경 온기라고는 전혀 없는 싸늘한 비닐 옷을 입을 생각을 하게 된다. 비닐 옷은 아무리 털어도 먼지가 나지 않을 테니 말이다. 주변 사람들이 모두 플라스틱처럼 굳은 얼굴에 싸늘한 비닐 옷을 입고 다닌다고 생각해 보자. 끔찍한 일이다.

지금 우리나라의 정치인 중에 누구도 대중의 절대적인 지지를 얻은 사람이 없는 것 같다. 서로 싸우기만 하니 대중의 마음이 정치인들로부터 멀어졌기 때문이다. 여당과 야당도 이제는 제발 서로 사랑하고 포용하는 상생의 정치를 하여 국민의 지지와 존경을 받도록 노력했으면 좋겠다. 반성과 화합과 용서만이 서로 잘사는 길임을 알아야 할 것이다.

| 愛 : 사랑 애 | 多 : 많을 다 | 容 : 용서할 용 |
| 可 : 가할 가 | 得 : 얻을 득 | 衆 : 무리 중 |

50. 덕德에 멱감기

> 儒有澡身而浴德이라.
> 유 유 조 신 이 욕 덕

선비는
몸을 깨끗이 씻고

덕(德)으로
목욕을 한다.

『예기(禮記)』
「유행편(儒行篇)」에
나오는 말이다.

결혼을 축하하기 위해 강이 있는 풍경을 그린 화가가 그림을 그린 후 그림의 상단에 '영욕애하永浴愛河'라는 제화題畫의 글을 쓰는 것을 본 적이 있다. 永浴愛河! '사랑의 강물에 영원히 목욕하라'는 뜻이다. 약간 속스러운 감이 없는 것은 아니나 그래도 멋있는 말이라고 생각했다. 평생을 사랑의 강물에 목욕하며 살면 얼마나 좋을까?

그런데 예禮를 기록한 『예기禮記』 가운데 선비의 행실에 대한 글이 실려 있는 「유행편儒行篇」에서는 '선비는 덕으로 목욕을 해야 한다'고 했으니 선비에게 있어서 덕이 얼마나 중요한 것이었는지를 짐작할 수 있다.

덕이란 내가 쌓아 놓은 것으로 인하여 남에게 베풀어지는 바를 일컫는 말이다. 그래서 덕을 '득得'이라고 풀이하기도 한다. 내가 몸을 깨끗이 하고 인품을 수양하여 내 마음 안에 쌓아 놓은 것이 많이 있게 되면 그 쌓인 것이 밖으로 윤기를 내뿜어서 나를 대하는 다른 사람이 편안함을 느끼게 된다. 그리고 감화도 받게 된다. 그게 바로 덕의 힘이다. 그러한 덕의 힘을 갖추기 위해서는 날마다 덕에 잠겨 목욕을 하는 자세로 살아야 한다. 그런데 그렇게 살기가 어디 쉬운 일이랴! 특히 오늘날 같이 험한 세상에서.

그러나 선비는 힘들어도 덕을 쌓아야 한다. 돈으로 목욕하려 들지 말고 덕으로 목욕할 생각을 해야 하는 것이다.

儒 : 선비 유   澡 : 씻을 조   浴 : 목욕 욕   德 : 큰 덕

51. 세 친구

> 擧杯邀明月 하니 對影成三人 이라.
> 거 배 요 명 월   대 영 성 삼 인

술잔을 들어
밝은
달을
맞고 보니

그림자도 마주하게 되어

더불어
술을 마실 친구가
이미
셋이나 되었구나.

이백의 시
「월하독작(月下獨酌, 달빛 아래서 홀로 마시며)」의 한 구절이다.

이백은 술과 달을 무척 좋아하였으며 술과 달을 소재로 한 시를 유난히 많이 썼다. 그 중에서도 이 「월하독작月下獨酌」시는 특히 유명하다.

꽃 수풀 속에 술 한 동이를 가져다 놓았건만 함께 마실 친구가 없다. 그래서 혼자 술을 마시고 있는데 어느덧 달이 떠올랐다. 달을 향해 술잔을 높이 들어 술을 권하고 보니 금세 달은 좋은 술친구가 되어 주었다. 어디 달만 친구이랴! 달이 또 하나의 친구를 데리고 왔다. 바로 그림자다. 나와 달과 그림자가 한데 어우러져 술을 마신다. 달은 본시 술을 마시지 못하고, 그림자는 그저 내 하는 대로 따라만 다닌다. 그러나 이보다 더 좋은 친구는 없다. 내가 노래를 부르면 달은 내 노래를 듣느라 발길을 멈춘 채 그 자리에 서 있고, 내가 춤을 추면 그림자는 나와 더불어 덩실덩실 춤을 춘다. 취하여 주정을 하는 일도 없고, 술기운을 빌어 남을 헐뜯는 말을 하는 법도 없으며, 괜히 강짜를 놓는 일도 없다. 이보다 좋은 친구가 세상 어디에 있으랴! 그래서 이백은 혼자이면서도 혼자가 아닌 채 달과 그림자와 더불어 술을 마셨다. 달과 친구가 되어 보자. 그리고 그림자와도 친구가 되어 보자. 달빛 아래 그림자밟기 놀이를 하던 어린 시절을 생각하면서…….

擧 : 들 거	杯 : 잔 배	邀 : 맞을 요(료)
對 : 대할 대	影 : 그림자 영	

52. 이별의 아픔

請君試問東流水하니 別意與之誰短長이오?
청군시문동류수   별의여지수단장

그대에게 묻노니
동으로
동으로
흘러가는 저 물의
가없음과

이별하는 이 마음의
끝 간 데 없음을
견주어 본다면

어느 게
더
길겠습니까?

이백의 시
「금릉주사유별(金陵酒肆留別,
금릉 주막에서의 이별)」시의
마지막 구절이다.

중국의 강은 거의 다 동쪽으로 흐른다. 황하黃河도 동으로 흘러 중국의 동해, 즉 우리나라의 서해로 흘러 들어오고 장강長江도 그렇게 동으로 흐른다. 그래서 중국 사람들은 '東流水', 즉 '동쪽으로 흐른다'는 표현을 많이 한다. 밤낮을 가리지 않고 흐르고 흘러도 끊임이 없는 강물, 그리고 오늘 이별을 하고 나면 내 마음 안에 자리하게 될 떠난 그대를 향한 한없는 그리움. 저 강물의 가없음과 그대를 향한 내 그리움의 끝없음을 비교한다면 과연 어느 것이 더 길고 어느 것이 더 짧을까? 이별의 아픔을 강물에 비교한 이백의 독특한 발상이 돋보인다.

이별은 슬픈 일이다. 어쩔 수 없이 헤어져야 하는 이별도 한스러운 일인데 스스로 만들어서 하는 이별이라면 그것은 정말 안타까운 일이다. 나의 이별로 인하여 나보다 더 뜨거운 눈물을 흘리는 사람이 있다면 그런 이별은 해서는 안 되는 이별이다. 부부간의 이혼이 바로 그런 이별이다. 잘못된 부부의 이별로 인하여 철없는 아이들은 얼마나 뜨거운 눈물을 흘려야 하는가? 이별이 없도록 서로 따뜻하게 감싸 안도록 하자.

이백은 우정어린 친구와의 이별을 두고서 이 시를 지었지만 우리는 친구 간의 우정뿐 아니라 부부, 연인, 이웃 등 모든 인연을 보다 더 소중하게 여겨 우리의 삶 안에 아예 이별이 앉을 자리를 만들지 않도록 하자.

請 : 청할 청   君 : 그대 군   試 : 시험할 시
誰 : 누구 수   短 : 짧을 단   長 : 길 장

53. 아름다운 절교

> 君子交絶에 不出惡聲이라.
> 군 자 교 절   불 출 악 성

(만나기보다 헤어지기가 더 어렵다.

기억하기보다 잊기가 더 어렵기 때문이다.
그리고
아름다운 헤어짐을 준비하기가
쉽지 않기 때문이다.

만남은 본시 아름다운 것,
그래서
만남은 아름답게 장식하지 않아도 된다.

헤어짐은 대부분 찌꺼기를 남기는 법,
그래서
군자는 만남보다도 헤어짐을 더 아름답게 맞으려고 한다)

군자는 절교하면서 나쁜 말을 내지 않는다.

『전국책』「연책(燕策)」에 나오는 말이다.

(괄호 안은 의미전달을 위해 내용을 덧붙임_편저자)

마음에 없는 사람은 처음부터 사귈 일이 아니다. 그러나 일단 한 번 사귄 사람은 오래도록 변치 말고 우정을 나누며 살아야 한다. 그러나 그것이 결코 쉬운 일은 아니다. 살을 맞대고 사는 부부 사이도 걸핏하면 '이혼' 소리가 나오는 세상인데 그 외의 다른 사귐에 진정한 우정이 오래가기가 쉬울 리 없다. 그렇다 보니 도처에 갈라서는 사람이 있다. 돈 때문에 갈라서고, 치정 때문에 갈라서고, 더 나은 줄을 잡기 위해 갈라서고, 심지어는 함께 하던 당黨을 쪼개어 갈라서기도 한다.

어제까지만 해도 우리는 '동지'라면서 술잔을 부딪쳐 가며 함께 구호를 외치고 어깨동무를 한 채 노래도 부르던 사람들이 하루아침에 원수가 되어 갈라서고 나면 서로 서먹해서 어떻게 살까? 아름답게 갈라섰기 때문에 서먹함이 아예 없는 것일까? 결코 그런 것 같지는 않다. 너무 뻔뻔해서 부끄러운 줄 모르기 때문인 것 같다.

어제는 수십, 수백 억 원씩 주고받기도 하고 나눠 쓰기도 하며 동지애를 나누던 사람들이 오늘은 검찰의 대질심문 앞에서 서로에게 삿대질하며 악담을 하는 것을 보면 정말 연민의 정을 느낀다. 생각과 뜻이 달라 어쩔 수 없이 절교해야 한다면 서로 악담하지 않는 아름다운 절교가 될 수 있도록 마지막 노력을 해야 한다. 추한 인생이 되지 않게 하기 위해서.

交 : 사귈 교   絶 : 끊을 절   惡 : 나쁠 악   聲 : 소리 성

54. 준 것과 받은 것에 대한 계산

施人愼勿念하고 受恩愼勿忘하라.
시인신물념   수은신물망

내가 만약
다른 사람에게 베푼 것이 있다면
잊어버려라
결코
염두에 둘 게 못 된다.
내가 만약
다른 사람으로부터
은혜를 입은 게 있다면
잊지 않도록 해라

그 은혜를
늘
머리와 가슴 안에
안고 살아야 한다.

중국 남조시대 양나라 사람 소역(蕭繹)이 쓴 『금루자(金樓子)』라는 책의 「계자편(戒子篇, 자식을 가르치기 위해 쓴 글)」에 나오는 말이다.

자신이 먹다 다 못 먹어서 남은 찬밥 한 그릇을 주면서도 그것을 '베풂'이라고 여겨 몹시 생색을 내는 사람이 있다. 정말 꼴사나운 사람이다. 그런가 하면 남에게 큰 도움을 주고서도 전혀 내색을 하지 않고 오히려 이름이 밝혀질까 봐 자꾸 숨으려 드는 사람이 있다. 정말 우러러 존경할 만한 사람이다. 남으로부터 하찮은 도움을 받고서도 고마움을 금치 못하는 사람이 있는가 하면 남으로부터 큰 도움을 받고서고 '별 거 아닌 것'으로 차치해 버리는 사람도 있다. 같은 일을 하면서도 태도는 이렇게 서로 다르다.

　그런데 분명한 것은 세상은 어차피 서로 도우며 살아가는 곳이라는 점이다. 우리는 일상에서 남의 도움을 참 많이 받으며 산다. 환경 미화원, 가게 아저씨, 버스 운전사 등 우리가 도움을 받지 않는 곳이 없다. 그런데 사람들은 이런 도움을 받는 것은 매우 당연한 것으로 여기면서도 만약 조금이라도 남에게 주어야 할 일이 생기면 그것은 매우 재수 없는 일 혹은 억울한 일로 여긴다. 그러한 심사로 세상을 보면 세상이 왜 아니 삭막하겠는가?

　세상은 서로의 도움으로 살아가는 곳임을 인정하도록 하자. 은혜는 잊지 않고 '베풂'에 대한 생색은 내지 않는다면 세상은 한층 더 아름다워질 것이다.

施 : 베풀 시　　　　慎 : 삼갈 신　　　　勿 : 말 물
念 : 생각 념(염)　　受 : 받을 수　　　　恩 : 은혜 은
忘 : 잊을 망

55. 얼음 항아리 속의 옥 같은 마음

洛陽親友如相問커든 一片氷心在玉壺라 하라.
낙 양 친 우 여 상 문   일 편 빙 심 재 옥 호

만일
낙양의 친구들이
내 소식을 묻거들랑

한 조각
얼음 같이
맑은 마음이
옥 항아리 속에
들어 있다고 전해 주시게.

당나라 때의 유명한
시인인 왕창령(王昌齡)이
은거하고 있을 때
그를 찾아왔다가
하룻밤을 보내고 떠나는
신점(辛漸)이라는 친구를
부용루(芙蓉樓)에서
송별하면서 지은
「부용루송신점(芙蓉樓送辛漸)」이라는 시에
나오는 구절이다.

투명한 얼음 항아리 속에 다시 투명한 옥이 들어 있으니 한 점의 하자도 있을 수 없다. 왕창령은 자신의 은거 생활이 그렇게 맑고 깨끗하다고 자부한 것이다. 산으로 은거를 했으면 진정으로 산에 사는 사람이 되어야 하고, 전원으로 은거를 했으면 진정으로 농사를

짓는 농부가 되어야 한다. 그래야만 맑고 깨끗한 은거라고 할 수 있다.

  요즈음 우리 사회에도 번잡한 도시를 떠나 전원으로 은거하겠다고 떠나는 사람들이 부쩍 늘었다. 그런데 은거한다는 사람이 도시 생활에서 쓰던 물건을 다 챙겨서 가지고 간다. 은거하는 집도 푸른 산언덕을 깎아 화려하게 지은 현대식 건물이다. 이게 과연 은거하는 것이 맞을까? 보다 욕심껏 잘 살아 보겠다는 생각에 도시의 모든 것을 공기 좋고 경치 좋은 곳으로 옮겨가는 것일 뿐 진정한 은거는 아닌 것 같다. 이런 은거는 또 하나의 오염일 뿐이다. 세속적인 삶을 그저 경치 좋고, 공기 좋은 산간으로 옮겨 놓기만 하는 사람의 마음이 어떻게 맑을 수 있겠는가? 이런 사람은 "얼음 같이 맑은 마음이 옥 항아리 속에 들어 있는 것 같다"고 한 왕창령의 말을 들으며 자신의 삶을 되돌아봐야 할 것이다.

洛 : 물 낙(락)	陽 : 볕 양	如 : 만일 여
片 : 조각 편	氷 : 얼음 빙	壺 : 항아리 호

56. 낙엽수와 상록수의 차이

> 歲寒然後에 知松柏之後彫라.
> 세한연후   지송백지후조

날씨가
추워진 연후에야
소나무
잣나무가
나중에 시든다는 것,

아니

끝내
시들지 않는다는 것을
알 수 있다.

『논어(論語)』
「자한편(子罕篇)」에
나오는 공자의 말이다.

한 여름 녹음이 무성할 때에는 낙엽수든 상록수든 다 푸르지만, 일단 날씨가 추워지고 나면 낙엽수는 우수수 잎이 지고 상록수만 그 푸른빛을 지킨다. 그래서 날씨가 추워진 후라야 상록수의 진가를 볼 수 있다. 사람도 마찬가지다. 좋을 때야 너도나도 다 친구라고 하지만 막상 어려운 일을 당하고 보면 그 많던 친구는 다 어디로 가고 남은 건 나 혼자 뿐이다. 만약 어려울 때에도 끝까지 내 곁에 남아서 나를 도와주는 친구가 있다면 그 친구는 정말 상록수와 같은 친구일 것이다.

　조선시대 최고의 명필인 추사 김정희 선생은 만년에 제주도에서 귀양살이를 하였다. 귀양살이 초기에는 왕래하는 친구가 있더니만 세월이 가도 추사에게 복권이나 복직의 기미가 보이지 않자, 왕래하던 친구의 발길이 다 끊기게 되었다. 그러나 이상적李相迪이라는 사람만은 끝까지 추사를 저버리지 않았다. 어렵게 시간을 내어 두 번씩이나 제주도까지 가서 추사를 뵈었고 그 때마다 추사에게 필요한 자료를 가져다 드렸다. 그러한 이상적에게 추사는 고마움의 표시로 소나무와 잣나무가 있는 풍경의 문인화 한 폭을 그려주었으니 그것이 바로 그 유명한 '세한도歲寒圖'이다. 이 세한도의 발문에서 추사는 논어의 이 구절을 인용하여 이상적의 변함없는 태도에 대해서 칭찬을 아끼지 않는다. 이 그림을 선물로 받아든 이상적은 자신에 대한 추사의 깊은 사랑에 감동을 받는다. 그리고 이 세한도를 가지고 중국에 들어가 추사를 익히 알고 있는 중국의 명사들에게 "이게 바로 우리 추사 선생님의 최근작이다"고 자랑을 하며 본 작품의 말미에 종이를 이어가며 중국 명가들로 하여금 발문을 쓰게 하였다. 그리하여 추사의 명작 세한도는 더욱 가치를 더하게 된다.

　세한도는 지금 국보 180호로 지정되어 있다. 작품의 수준도 수준이려니와 사람과 사람 사이에 맺어진 변하지 않는 우정으로 인하여 더욱 아름다운 그림이다. 추위가 더해지는 겨울일수록 그리고 겨울 중에서도 더욱 춥게 느껴지는 연말일수록 서로에게 상록수가 될 수 있는 따뜻한 사람을 찾아보도록 하자.

| 歲 : 세월 세 | 寒 : 찰 한 | 然 : 그러할 연 |
| 松 : 소나무 송 | 柏 : 잣나무 백 | 彫 : 시들 조 |

| 덧붙이는 글 |

〈세한도歲寒圖〉

　세한도. 국보 180호, 세로 23cm, 가로 108cm 가로로 된 두루마리 형식의 작품이다.

　이 작품이 언제 어떤 경위를 통해 이상적李相迪의 손을 떠나게 되었는지는 알 수 없다. 이 그림이 세상에 다시 빛을 보게 된 것은 항일시대 경성제국대학의 사학과 교수로서 한국에 와 있던 일본인 후지즈카 지카시藤塚隣에 의해서이다. 후지즈카는 조선시대의 실학을 조선에서 자생한 사상으로 보지 않고 고증학에 바탕을 둔 청나라의 실학이 조선으로 전입轉入되어온 것으로 보고 그러한 학문의 흐름을 「청조문화淸朝文化의 동전東傳」이라고 표현하였다. 그리고 그러한 동전東傳의 중앙에 서 있던 인물을 추사 김정희 선생으로 보았다. 그는 「청조문화의 동전에 관한 연구」라는 논문으로 박사학위를 받았는데 논문의 원래 제목은 「이조李朝에 있어서 청조문화의 이입과 김완당」이었고, 논문의 주요 내용은 김정희와 청나라 문인들과의 교류 및 김정희의 예술 세계에 관한 것이다.

　후지즈카는 이논문을 쓰기 위해 추사 김정희에 관한 자료라면 무엇이든지 다 수집하여 당시 김정희의 작품에 대한 최대의 수장가가 되었다. 세한도가 후지즈카의 손에 들어간 것도 이 무렵이다. 북경의 어느 골동품 가게에서 세한도를 발견한 후지즈카는 긴장과 흥분

속에서 두 말 없이 이 세한도를 인수했다고 한다. 이상적이 그처럼 아끼던 세한도가 어떠한 경로를 거쳐 북경의 골동가게에 걸려 있다가 일본인 후지즈카의 손에 들어가게 되었는지는 정말 알 수 없는 일이다. 항일 시기 시대적 어려움 속에서 나라가 힘을 가지고 있지 못한 탓에 조선시대 최고의 명필 김정희 선생의 최고 명작인 세한도가 이역 땅을 떠돌다가 결국은 일본인의 손에 들어가게 된 것이다.

그렇다면 이 그림은 아직도 일본에 있는가? 그렇지 않다. 이 작품은 현재 한국인이 소장하고 있다. 어떻게 해서 다시 한국으로 돌아올 수 있었을까? 세한도가 다시 한국으로 돌아오게 된 데에는 한 사람의 지극한 정성과 노력과 희생이 있었다. 바로 소전素荃 손재형孫在馨 선생이다.

손재형은 전남 진도에서 갑부의 아들로 태어나 양정고등보통학교를 다닐 때는 조선미술전람회에 특선을 할 정도로 그림과 서예에 능력을 발휘했던 인물이다. 그는 선친으로부터 물려받은 막대한 유산으로 우리 조상들이 남긴 고서화를 수집하여 소장하고 그것을 감상하는 것을 최대의 낙으로 여기며 살았다.

1944년 2차 세계대전의 불길이 거세지고 일본이 패망의 조짐을 보이기 시작할 때 후지즈카는 조선의 보물인 세한도를 안고 일본으로 건너갔다. 세한도가 일본인을 따라 일본으로 건너갔다는 소식을 들은 손재형도 당시 전쟁터나 다름이 없던 일본으로 건너갔다. 어렵게 후지즈카의 집을 찾아간 그는 결연히 말하였다.

"세한도는 조선의 그림입니다. 저한테 넘겨주십시오."

이 말을 들은 후지즈카는 일언지하에 거절하였다. 당시 추사에 대한 최고의 연구자라는 자부심을 가지고 있었으며 장차 사설 고미술품 박물관을 건립할 것을 꿈꾸고 있던 그였기 때문에 추사의 최고 명작을 순순히 내줄 리가 없었던 것이다. 그러나 손재형도 만만치 않았다. 쉽게 포기할 일이었다면 아예 처음부터 일본에 건너가지도 않았을 그였기에 그날 이후 손재형은 매일같이 병문안을 핑계로 후지즈카의 집을 찾아갔다. 그리고 틈만 나면 세한도를 돌려달라는 청을 하였다. 후지즈카는 노발대발을 하였다. 손재형은 다시 단호하게 말하였다.

"그 그림에는 추사 선생과 그의 제자 사이의 뜨거운 정이 흐르고 있으며 조선 선비의 정신이 배어있습니다. 결코 일본에 있어야 할 그림이 아닙니다. 조선으로 돌아가야 합니다."

후지즈카는 요지부동이었다. 그러나 손재형은 결코 포기하지 않았다. 밀고 당기는 씨름을 백 여일이나 계속하였다. 드디어 후지즈카의 마음이 움직이기 시작하였다. 어느 날 그는 다음과 같이 말하였다.

"내가 죽기 전에는 이 작품을 내놓을 수 없소. 이게 어떤 작품인데 내 손으로 내줄 수가 있겠소? 내가 죽기 전에 맏아들에게 유언을 하겠소. 이 작품을 당신, 아니 조선에 돌려주라고."

오죽했으면 후지즈카가 이렇게 말하였을까? 이 한 마디를 통해 세한도에 대한 후지즈카의 애착이 얼마나 강하였는지를 알 수 있고 또 한편으로는 그런 후지즈카를 설득한 손재형의 집념이 얼마나 강하였는지도 짐작할 수 있다. 죽은 후에 가져가라는 후지즈카의 말이 떨어지자 손재형은 한 치도 물러서지 않고 바로 다그쳐 말했다.

"이왕에 주실 거라면 지금 주십시오."

이번엔 후지즈카가 정말 크게 화를 내었다. 그리고 손재형을 문밖으로 내쫓았다. 손재형은 비록 쫓겨나왔지만 속으로는 쾌재를 부르고 있었다. 며칠 후에 다시 찾아가면 분명히 세한도를 가지고 올 수 있으리라는 확신이 섰기 때문이다. 마음을 다져먹은 손재형은 다음날 바로 후지즈카를 찾아갔다. 그러나 손재형은 집안에 발조차 들여놓지 못하고 대문 앞에서 발길을 돌려야 했다. 문전박대를 했기 때문이다. 그렇게 하기를 다시 십 여일. 후지즈카는 드디어 손재형을 맞아들였다. 그리고 세한도를 내놓으면서 말하였다. "당신의 그 열정에 내가 졌소. 가져가시오."

이 말을 들은 손재형의 눈에서는 눈물이 났다. 그리고 작품과 이별을 고해야 하는 후지즈카의 눈에서도 눈물이 흘렀다고 한다. 이렇게 해서 세한도를 입수한 손재형은 세한도를 가슴에 안고 곧바로 조선으로 돌아왔다. 그리고 며칠 후, 후지즈카의 집은 연합군 비행기의 폭격을 받아 완전히 불타고 말았다. 만약 이 때 손재형이 세한도를 가져오지 않았다면 추사 선생의 명작인 이 세한도는 이미 불타 없어졌을지도 모른다. 명작은 신의 보호를 받는 것인가? 전란의 와중에서도 세한도가 고국으로 돌아오게 된 것은 참으로 다행한 일이다.

그러나 세한도의 시련은 여기에서 끝나지 않는다. 그렇게 큰 열정과 집념으로 세한도를 가져온 손재형은 1958년 국회의원에 당선되어 정치에 발을 들여 놓았다. 이때부터 손재형은 예술활동과 함께 정치활동을 하였다. 정치에 막대한 돈이 드는 것은 예나 지금이나 매한가지인 모양이다. 선거 때마다 정치자금이 필요했던 손재형은 그렇게 애써 수집한 고서화와 골동품들을 하나둘씩 전당 잡혀 돈을 빌려 쓰기 시작하였다. 그 과정에서 이 세한도가 무사할 리 없었다. 손재형은 마침내 세한도마저 전당포로 보내고 만다. 곧 찾아오겠다는 생각으로 전당포로 보냈지만 되찾아오기가 그리 쉽지 않았다. 정치에는 웬 돈이 그렇게 많이 드는 것인지 그 후 손재형은 영원히 세한도를 찾아오지 못하였고, 전당포의 주인은 세한도를 다른 사람에게 팔지 않을 수 없었다. 결국 세한도는 다시 개성 출신의 갑부 손세기孫世基에게로 넘어갔고 지금은 그 아들인 손창근이 수장하고 있다.

이상적에 이어 중국의 골동품 가게로 흘러들었던 세한도가 다시 후지즈카, 손재형, 손세기, 손창근에게로 옮겨와서 1974년 12월 31일 국보 제180호로 지정받았다. 국보로 지정을 받았지만 이 작품은 아직 박물관에 없고, 개인 소장가인 손창근의 손에 들어있다. 다시는 이 세한도가 이리저리 떠돌며 추위를 타는 일은 없어야 할 것이다.

(고제희 저, 다른세상, 『누가 문화재를 벙어리 기생이라 했는가』를 토대로 정리한 것임)

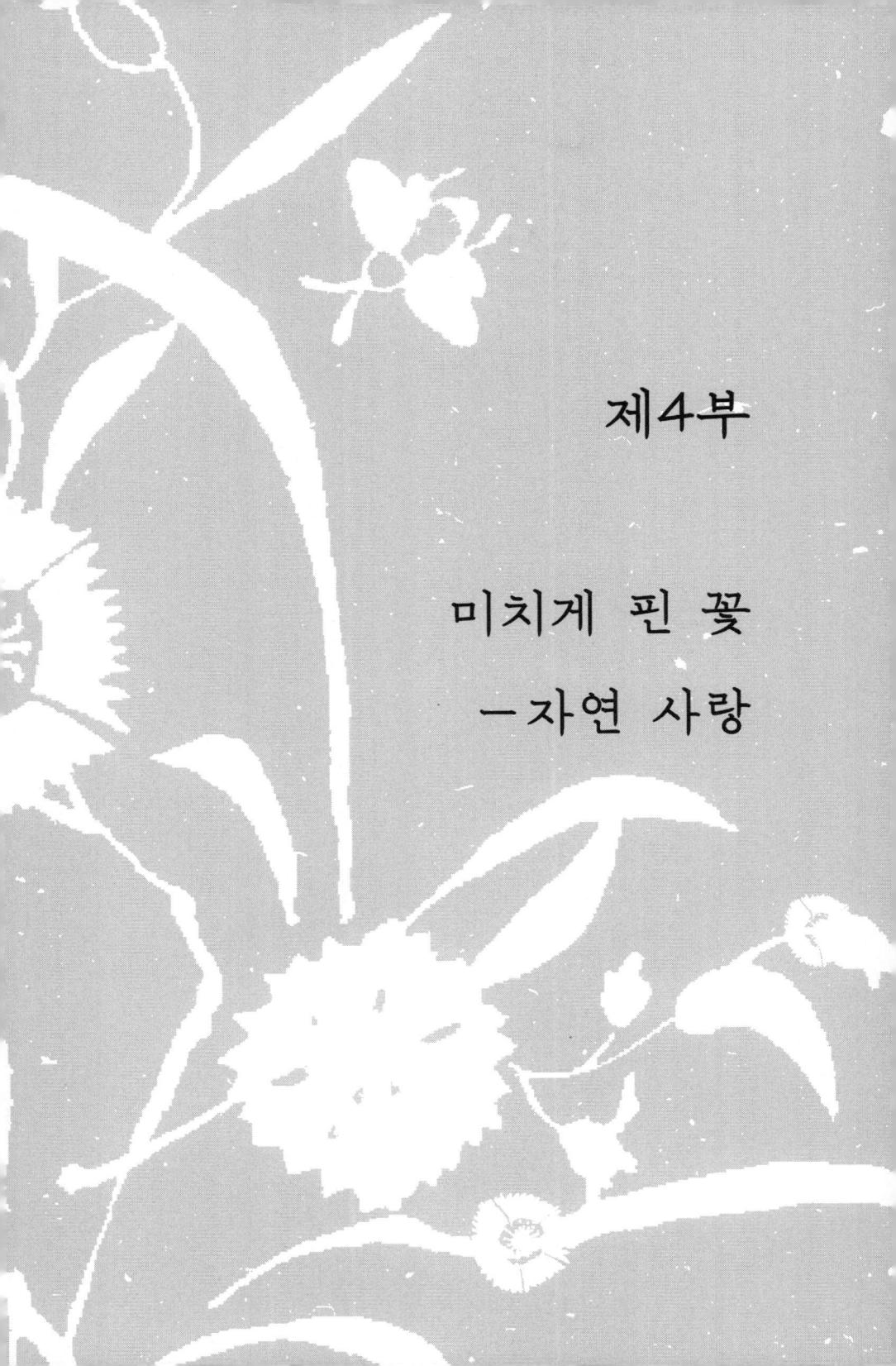

제4부

미치게 핀 꽃
— 자연 사랑

57. 사랑인가, 해악인가?

雖曰愛之나 其實害之라.
수왈애지   기실해지

(사랑하기 때문에
돌보지 않을 수 없다.

사랑하기 때문에
손을 대지 않을 수 없다)

말로는 비록
"그것을 사랑하기 때문"
이라고 하지만

사실
당신의 그 돌봄과
당신의 그 손댐은
그것을
해치고 있는 것이다.

당나라 때의 문장가인 유종원(柳宗元)이 쓴 「종수곽탁타전(種樹郭橐駝傳)」에 나오는 말이다.

(괄호 안은 의미전달을 위해 내용을 덧붙임_편저자)

유종원의 「종수곽탁타전種樹郭橐駝傳」은 나무를 잘 심기로 소문난 곽탁타郭橐駝라는 사람에 대한 전기 형식의 글이다. 물론 곽탁타는 가상의 인물이다. 이 「종수곽탁타전」에 의하면 곽탁타는 어찌나 나무 심는 재주가 좋은지 그가 심는 나무는 심는 족족 죽는 법이 없이 다 잘 자란다.

사람들이 그에게 무슨 재주로 그렇게 나무를 잘 살리느냐고 묻자 그는 "나무가 자신의 본성을 따라 자랄 수 있도록 그냥 놓아둘 뿐 특별히 잘 해주는 게 없다"고 답한다. 그리고 이어서 "대부분의 사람들은 나무를 심어 놓고서 뿌리가 잘 났는지 살며시 뽑아 보기도 하고, 줄기가 살았는지 확인하기 위해 나무껍질을 살짝 벗겨 보기도 한다. 그렇게 하는 까닭은 나무에 대해서 관심을 가지고 있고 또 그만큼 사랑하기 때문이라고 말하지만 사실 그것은 나무를 사랑하는 게 아니라 해치는 것이다"는 말을 한다.

우리는 사랑한다는 이유로 지나친 관심을 갖는 경우가 많다. 특히 자녀들에 대해서 그렇다. 그러나 따지고 보면 그것은 부모의 조바심이요, 욕심일 뿐 진정으로 자녀를 위하는 일이 되지 못한다. 부부 사이도 마찬가지다. 사랑은 그윽이 바라보며 편하게 해주는 것이지 "사랑한다"고 말로 떠들어대거나 얄팍한 이벤트로 일시적인 관심을 표명하는 것이 아니다.

그리고 '자연 보호'라는 이름으로 자연을 가꾸려 드는 것은 더욱 웃기는 일이다. 인간이 자연 앞에서 얼마나 미미한 존재인지 그 분수를 모르고 자연을 보호한다는 태도는 참으로 철없는 짓이다. 미미한 인간이 어찌 그렇게 큰 자연을 보호할 수 있겠으며, 그렇게 할 수 있는 방법도 없다. 자연, 스스로 그러한 대로 놓아둘 일이다.

雖 : 비록 수   愛 : 사랑 애   實 : 열매 실   害 : 해할 해

58. 고 향

胡馬依北風하고 越鳥巢南枝라.
호 마 의 북 풍   월 조 소 남 지

북쪽
오랑캐 땅에서 온
말(胡馬)은
북풍에 의지하고

남쪽
월 지방에서 온
새는
남쪽 가지에 둥지를 튼다.

한(漢)나라 때 작가 미상의
고시 19수 중
「행행중행행(行行重行行,
걷고 또 걸어」이라는 시의
한 구절이다.

요즈음은 교통과 통신의 발달로 마음만 먹으면 어디든지 갈 수 있고 또 언제라도 전화를 걸어 이야기를 나눌 수 있게 되었지만 60년대만 하여도 사람들은 떠나온 고향을 찾아가기도 쉽지 않았고 집배원이 들고 오는 편지가 아니면 소식을 전해들을 길도 없었다. 그 시절 집배원이 들고 오는 편지는 얼마나 반가운 것이었던가?

그리고 당시에는 돈을 벌어오겠다며 떠나온 고향을 향해 아직 돈을 벌지 못하여 돌아가지 못하는 사람들이 부르는 슬픈 망향의 노래도 많이 있었다. 그러나 지금은 고향이 그리워서 우는 사람은 거의 없다. 특히 젊은 세대들에게는 '고향에 대한 그리움'이라는 말 자체가 동화에나 나오는 말로 들릴지도 모르겠다. 그러나 그들의 마음 한 구석에도 고향이라는 말은 새겨져 있을 것이고, 고향이라는 말을 들으면 왠지 포근함을 느낄 것이다.

세상이 많이 달라지기는 하였지만 고향 산천은 여전히 그리움의 대상이다. 우리에게는 아직도 가지 못하는 고향인 북녘 땅이 있고, 피눈물로 이산가족의 상봉을 기다리는 사람들이 있다. 북풍에 의지하는 호마처럼, 남쪽 가지에 둥지를 트는 월조처럼, '북쪽'이라는 말만 들어도 가슴이 뭉클해지는 사람들이 있다. 내게 고향이 그리워 울 일이 없다고 해서 남의 마음까지 헤아리려 하지 않아서는 안 된다. 우리는 아직도 모두가 이산가족임을 잊지 말아야 하는 것이다. 금강산 가는 길이 뚫렸으니 이제 평양에 가는 길도 시원하게 뚫렸으면 좋겠다는 바람이었는데 요즈음 남북관계가 갈수록 경색되고 있으니 걱정이 아닐 수 없다. 이 세상의 누구라도 고향의 자연, 고향의 산과 들을 마음껏 다닐 수 있는 그런 날이 왔으면 좋겠다.

| 胡 : 북쪽 오랑캐 호 | 依 : 의지할 의 | 越 : 월나라 월 |
| 巢 : 둥지 소 | 枝 : 가지 지 | |

59. 미치게 핀 꽃

江上被花惱不徹이니 無處告訴只顚狂이라.
강 상 피 화 뇌 불 철   무 처 고 소 지 전 광

강둑이 온통
꽃으로 덮여 있으니
어찌할거나
어찌할거나?

몸을 둘 바를 모르겠구나.

이 좋은 풍경을
알릴 곳조차 없으니
단지 나 홀로
미쳐 날뛸 수밖에

시성(詩聖) 두보의
『강반독보심화(江畔獨步尋花, 강가를 홀로 거닐며 꽃을 찾다)』 7언 절구(絶句) 시 중 제1수의 처음 두 구절이다.

꽃이 흐드러지게 핀 모습을 이보다 더 실감나게 표현한 시가 있을까 싶다. 첫 번째 구절의 '뇌불철惱不徹'이라는 표현이 참으로 묘하다. '惱'는 본래 '괴로워한다'는 뜻이다. '不徹'은 '통하지 못하다, 벗어내지 못하다'라는 뜻이다. 그러므로 '惱不徹'을 직역하자면 '번뇌를 벗어낼 수가 없구나'라고 할 수 있다. 번뇌를 벗어낼 수가 없다니 이게 무슨 뜻인가? 이것은 곧 '어찌 해야 할지를 모르겠다'는 뜻이다.

시인 두보는 온 강둑을 뒤덮고 있는 꽃을 보고서 그 아름다움에, 그 풍성함에, 그 장관에 어찌할 바를 모르고 있는 것이다. 이 벅찬 감격을 혼자 누리기에는 너무 아까워서 누구에게라도 빨리 알리고, 그 사람의 손을 끌고 나와서 함께 보았으면 좋겠는데 그럴 만한 사람이 없다. 그러니 어찌하랴! 혼자 미쳐 날뛸 수밖에. 시어詩語가 너무 생동적이고 격정적이어서 감탄하지 않을 수 없다. 봄이면 꽃이 지천으로 핀다. 언덕배기에 흐드러지게 핀 철쭉은 정말로 아름답다. 그 꽃을 보며 사람들만 미치는 게 아니라, 그렇게 핀 꽃 자신도 이미 미쳐버린 것 같다. 봄엔 꽃들이 정말 미친 듯이 핀다. 아름다운 계절, 봄! 이 꽃들의 넘쳐나는 웃음과 행복이 우리의 가슴 안으로 그대로 옮겨왔으면 좋겠다. 우리 자신이 꽃이 되는 날, 그런 웃음과 그런 행복이 가슴에 가득하게 될 것이다.

被 : 덮을 피　　惱 : 괴로울 뇌　　徹 : 통할 철
告 : 알릴 고　　訴 : 하소연 할 소　　顚 : 미칠 전
狂 : 미칠 광

60. 넌들 가만히 있을 수 있었겠느냐?

走覓南隣愛酒伴 하니
주 멱 남 린 애 주 반

經旬出飮獨空床 이라.
경 순 출 음 독 공 상

(강둑에 미친 듯이 핀 꽃 소식을 알리려고)
한 걸음에 달려
남쪽 마을의
술 잘하는 친구를 찾아갔더니

앞 쪽에서 본 두보의
『강반독보심화(江畔獨步尋花)』7절구 시 중
제1수의 끝 두 구절이다.

(그 친구인들
이 좋은 꽃철에 가만히 있을 수 있었겠는가?)

술 마시러 나간 지
이미 열흘이 다 되어

사람은 없고
빈 침상만
덩그렇게 놓여있네 그려!

(괄호 안은 의미전달을 위해 내용을 덧붙임_편저자)

미친 듯이 피어 있는 꽃을 보고서 너무 감격하여 이 감격을 함께 할 친구를 찾았으나 주변에 친구가 없다. 그래서 남쪽 이웃 마을에 사는 술 잘하는 친구를 부르러 갔다. 단 걸음에 달려가 보았더니 웬걸, 이 좋은 꽃철에 그 친구가 집에 붙어 있을 리가 없지. 벌써 열흘 전에 꽃을 따라 술 마시러 나가고 그의 집에는 주인 없는 침상만 덩그렇게 놓여 있다. 참으로 재미있고 실감나는 표현이다. 그래서 사람들은 두보를 중국 역사상 최고의 시인으로 치나 보다.

　'화시일준花時一樽, 설야천권雪夜千卷'이라는 말이 있다. '꽃 피는 계절에는 술 한 동이, 눈 내리는 밤에는 책 천 권'이라는 뜻이다. 봄꽃이 이렇게 흐드러지게 피는 계절에는 술도 한 잔 할 줄 알아야 하고 꽃에 대한 대접도 할 줄 알아야 한다. 미친 듯이 핀 꽃과 안아보고 싶을 만큼 부드럽게 불어오는 봄바람 속에서도 아무런 감정 없이 컴퓨터 게임이나 하고 있다면 그건 정말 무의미한 인생이다. 그런데 우리 주변에는 그런 아이들이 너무 많다. 꽃을 보고서도 감격할 줄을 모르고, 차창 밖으로 보이는 풍경이 "아!"하는 소리가 절로 나오게 아름다워도 차 안의 의자에 몸을 묻고 잠만 자는 게 오늘의 우리 아이들이다.

　꽃 소식을 전하러, 꽃을 보러 가자고 이웃집을 뛰어다니는 사람이 있는 세상은 얼마나 아름다운 세상이겠는가! 세상에 가장 좋은 친구는 자연임을 알아야 할 것이다. 월드컵 축구 게임 중계방송이 아무리 재미있고, 컴퓨터 게임이 아무리 스릴이 있다고 하더라도 자연과는 비교할 수 없는 건조한 게임일 뿐이다. 차츰차츰 잃어 가고 있는 자연에 대한 우정을 되살려야 한다. 꽃도 낙엽도 미치게 사랑할 줄 아는 마음을 회복해야 한다. 사람은 자연의 일부로 살아가는 존재 아니던가.

走	: 달릴 주	覓	: 찾을 멱
隣	: 이웃 린	伴	: 짝 반
經	: 지날 경	旬	: 열흘 순
床	: 침상 상		

61. 꽃과 노인

今日花前飮에　甘心醉數杯라
금일화전음　　감심취수배
但愁花有語하여　不爲老人開라.
단수화유어　　　불위노인개

오늘은
꽃 앞에서 술을 마셨네.
너무
기쁜 나머지
평소의 주량보다
몇 잔 더 마셨다네.

당나라 때의 시인
유우석(劉禹錫)의
「음주간모란(飮酒看牡丹, 술을
마시며 모란을 보다)」이라는
시이다.

(내사
이렇게 기쁜 마음으로
술을 마셨다만)

단지
걱정이 되는 것은
꽃이,
그 아름다운 꽃이,
"난 당신 같은 노인을 위해서 핀 게 아니랍니다."
라고 할까 봐!

(괄호 안은 의미전달을 위해 내용을 덧붙임_편저자)

　꽃 앞에서 술을 마시니 그 술이 얼마나 맛이 있었겠는가? 그래서 즐거운 마음으로 평소보다 몇 잔을 더 마셨다. 그런데 마시다 보니 은근히 걱정이 된다. 꽃은 지금 속으로 "난 당신 같은 노인을 위해서 핀 게 아니란 말이예요."라고 하면서 재수 없다는 듯 불만을 품고 있는데 나 혼자만 꽃이 좋아서 이렇게 꽃 아래 앉아 술을 마시고 있는 것은 아닌지? 시인의 자격지심自激之心이 너무 처량하다.

　꽃이 어디 사람 차별을 한다던가? 꽃은 젊은이만 보라는 것도 아니고 젊음만을 상징하는 것도 아니다. 보는 사람이 어떻게 보느냐에 따라서 꽃은 기쁨이 될 수도 있고 슬픔이 될 수도 있다. 이왕 그렇게 아름답게 피는 꽃, 우리는 그 꽃을 기쁨과 환희로 볼 필요가 있다. 그리고 그 꽃을 외설스럽게 다루지는 않아야겠지만 부러 멀리 할 필요는 없다. 꽃은 귀천도 남녀도 노소도 따지지 않고 모두에게 기쁨을 주기 위해 피어난 것이니까. 그리고 그들 스스로가 그렇게 평화롭고 차별이 없는 존재이니까 말이다. 김일로 시인은 꽃을 이렇게 읊었다.

　　　한 평 뜰에 모여서 활짝 웃는 꽃들,
　　　푸른 하늘 머리에 이고 모두 제 세상.

그리고 이 시를 한문으로는 이렇게 바꾸어 놓았다.

　　　群 芳 笑 顔 無 貴 賤
　　　군　방　소　안　무　귀　천

　이 말을 다시 한글로 바꾸면 "뭇 향기 웃는 얼굴에 귀천이 어디 따로 있으랴!"라는 뜻이다. 제 스스로 귀천이 없는 꽃인데 그런 꽃이 사람을 차별할 리 없다. 꽃과 더불어 아름다운 삶을 살자. 사람은 꽃보다도 더 아름다운 존재니 말이다.

飮 : 마실 음   甘 : 달 감   醉 : 취할 취
數 : 여러 수   但 : 다만 단   愁 : 근심 수
開 : 필 개

62. 강변 살자

自去自來梁上燕하고 相親相近水中鷗라.
자 거 자 래 양 상 연   상 친 상 근 수 중 구

들보 위의
제비는
스스로 날아들었다가
스스로 날아가고,

물 가운데의
물새는
끼리끼리
친하네.

두보가 지은
「강촌(江村)」이라는 시의
승련(承聯 : 제3, 4구)이다.

봄이 되면 강남 갔던 제비는 어김없이 우리네 마을로 돌아와 처마 밑에 집을 짓고 새끼를 쳤다. 그리고 새끼에게 먹이를 물어다 주느라고 분주하게 들랑날랑 하였다. 새끼들은 노란 주둥이를 벌리고 지지배배 거리고……. 그러나 이제는 그런 풍경을 볼 수가 없다. 환경이 오염되면서 언제부터인가 우리나라는 제비도 찾아오지 않는 나라가 되고 말았다. 그 옛날의 제비는 다 어디로 가버린 것일까?

그리고 물가, 그리 큰 물가도 아닌 물가. 못자리를 준비하느라 물을 잡아 갈아엎어 놓은 논이라 해도 우렁이며 미꾸라지 등 먹이를 찾아 황새가 무리지어 날아들어 자기네들끼리 그렇게 다정하게 지내는 모습을 보여주곤 하였다. 그러나 이제는 그런 풍경도 보기가 쉽지 않다. 농약으로 인해 우렁이며 미꾸라지 등이 다 죽고 없으니 황새가 날아올 리가 없기 때문이다.

시인 김소월의 시에 '엄마야 누나야 강변 살자'라는 시가 있다. 한 때 노래로 많이 불려지기도 했다. 우리에게 있어서 물가와 강변은 그렇게 좋은 곳이었다. 그런데 지금은 그런 강변이 사라지고 있다. 시내도 사라지고 있다. 사방이 썩은 물만 고이고 있다. 제비는 이제 구경할 수 없는 새가 되어 버렸고, 논에서 지천으로 자라던 미꾸라지며 우렁이도 이제는 양식장에서나 볼 수 있을 뿐 시골 평범한 논에서는 볼 수 없게 되었다.

과학의 발달로 인하여 얻은 것도 많지만 잃은 것이 더 많은 것 같다. 약간의 편리를 위해 생물들의 터전인 자연을 파괴하는 사람들로 인해 원천적인 삶의 터전을 잃어가고 있는데도 개발이라는 이름의 환경파괴는 여전히 진행 중이다. 아아! 그리운 강변! 건강한 논에 사는 미꾸라지, 우렁이, 개구리, 뜸북새, 거미가 보고 싶다.

去 : 갈 거 梁 : 들보 양(량)
燕 : 제비 연 相 : 서로 상
親 : 친할 친 鷗 : 갈매기 구

---

63. 모란이 지고 나면 그 뿐, 내 한해는 다 가고 말아

惆悵階前紅牡丹이 晩來唯有兩枝殘이라
추 창 계 전 홍 모 란   만 래 유 유 양 지 잔
明朝風起應吹盡이리니 夜惜衰紅把火看이라.
명 조 풍 기 응 취 진   야 석 쇠 홍 파 화 간

안타까워라
섬돌 앞의 붉은 모란,

해 질 녘에 보니
두어 송이 남아 있네.

> 당나라 때의 시인 빼거이(白居易)의 「석모란화(惜牡丹花, 모란꽃이 아쉬워)」시의 전문이다.

내일 아침
바람이 불면
다 져버리고 말겠기에,

밤이 되는 것이 아쉬워
불을 밝혀 들고

그 꽃송이를 바라보네.

　봄이 농염하게 무르익는 4월이면 우리 주변에 엄청나게 많은 꽃들이 핀다. 매화, 개나리, 진달래로부터 시작하여 벚꽃, 철쭉, 영산홍에 이르기까지 거리와 공원이 온통 꽃으로 장식된다.
　그렇게 많이 피어 있던 꽃들, 그러나 꽃에도 빈익빈貧益貧 부익부富益富의 '쏠림' 현상이 있는지 유행을 타는 꽃만 성하고 유행에 편승하지 못한 꽃들은 도태되어 가는 면도 있다. 거리와 공원마다 철쭉과 영산홍은 넘쳐나도 본래 우리의 화단에 있던 모란이나 작약 등은 더 찾아보기가 힘들어진 것 같다.
　김영랑 시인의 「모란이 피기까지는」이라는 시로 인하여 우리에게 더 친숙해진 모란꽃이 언제부터인가 우리의 주변에서 밀려나기 시작하여 지금은 그리 쉽게 볼 수 없게 되었다. 부귀의 상징이라는 그 탐스런 모란, 그리고 너무 쉽게 져버리는 까닭에 지는 모습마저도 부귀영화의 덧없음을 닮았다는 모란, 그 모란이 철쭉과 영산홍

등 조경사들에 의해 발탁된(?) 꽃에 밀려 자취를 감추고 있다.

  꽃에까지 적용된 쏠림 현상, 왜 우리 꽃들이 스타가 되지 못하고 장미, 튤립, 페츄니아, 사루비아 등 서양꽃만 스타가 되고 있는 것일까?

  모란꽃의 그 풍성함이 보고 싶다. 경제가 이처럼 어려운 때에 모란꽃을 보고 있으면 마음이 조금은 여유로워지지 않을까?

惆 : 실심할 추   悵 : 슬플 창
階 : 섬돌 계   殘 : 쇠잔할 잔, 나머지 잔
惜 : 애석할 석   把 : 잡을 파

64. 꽃잎 한 조각만 날려도 봄이 줄어드는데

一片花飛減却春이리니 風飄萬點正愁人이라.
일 편 화 비 감 각 춘　　　　풍 표 만 점 정 수 인

꽃잎
한 조각만
바람에 날려도
봄이
감減되는데,

바람에
만 점의 꽃잎이 날리니
정말
이 사람을
안타깝게 하는구나.

두보(杜甫)의 시 「곡강(曲江)」 2수 중 제1수의 처음 두 구절이다.

'꽃잎 한 조각만 바람에 날려도 봄이 감滅된다'는 표현은 정말 감탄이 절로 나온다. 두보는 역시 시성詩聖이라는 칭송을 들을 만하다는 생각이 절로 든다. 5월! 5월을 일러 봄이라고 해야 할까? 아니면 여름이라고 해야 할까? 봄이라고 하기엔 너무 덥고, 여름이라고 하기에는 아직은 시원한 5월. 계절의 여왕이라는 5월의 한 가운데에서 이제 아쉽지만 봄과는 작별을 해야겠다는 듯이 천 점, 만 점으로 지는 꽃이 있다. 수국水菊이 바로 그 꽃이다.

수국의 다른 이름은 '설토화雪吐花'이다. 설토화! '눈을 토해내는 꽃'이라는 뜻이다. 수국이 지는 모습을 보면 정말 하얀 눈을 토해내는 것 같다. 아니, 펑펑 눈이 내리는 것 같다. 달이 밝은 밤에 보면 더욱 아름답다. 지는 모습이 이렇게 아름다운 꽃이 또 어디에 있을까? 두보가 시詩에서 말한 것처럼 꽃잎 한 조각만 날려도 봄이 감滅된다는데, 바람에 만 점의 꽃잎이 날리니 정말 수국이 지고 나면 봄은 완전히 가고 만다.

가는 봄을 어이하랴. 아쉽지만 가는 봄은 보내야 한다. 그리고 녹음이 무성해지는 여름을 맞이해야 한다.

우리의 노래 사철가는 오는 여름을 이렇게 맞고 있다.

"봄아! 왔다가 가려거든 가거라. 네가 가고 여름이 오면 녹음방초승화시(綠陰芳草勝花時)라……."

'綠陰芳草勝花時'란 녹음을 드리우는 나무와 향기 나는 푸른 풀잎이 꽃을 이기는 계절이라는 뜻이다. 만 개의 점으로 날리는 설토

화 꽃잎 속으로 가는 봄을 잘 보내고 서서히 다가오는 녹음의 여름을 희망으로 맞이하는 것이다.

片 : 조각 편	飛 : 날 비	減 : 덜 감
却 : 물리칠 각	飄 : 날릴 표	點 : 점 점
愁 : 근심 수		

65. 그 아름답던 소리들

松下聽琴하고 月下聽簫하며 澗邊聽瀑布하고
송하청금   월하청소   간변청폭포

山中聽梵唄면 覺耳中別有不同이라.
산중청범패   각이중별유부동

소나무 아래에서는
가야금 소리를 듣고

달빛 아래에서는
퉁소 소리를 들으며

골짜기에서는   청나라 사람 장조(張潮)가 쓴
폭포 소리를 듣고   『유몽영(幽夢影)』이라는
                    책에 나오는 말이다.

산 속에서는
범패 소리를 들으면

귀로 소리를 느끼는 가운데
별도의
색다른 맛이 있을 것이다.

 그 옛날 뒷동산 소나무 그늘에 누워서 듣던 솔바람 소리는 얼마나 마음을 편하게 했던가? 그리고 뒤뜰의 대나무 밭에서 들려오던 대바람 소리는 얼마나 시원했던가? 등산길에 만난 폭포의 물이 쏟아지는 소리는 또 얼마나 사람의 마음을 희망과 용기로 용솟음치게 했던가? 호젓한 암자에서 들리는 스님의 청아한 독경 소리는 또 얼마

나 마음을 평화롭게 했던가? 그리고 달밤에 누군가가 불던 퉁소 소리는 얼마나 간장을 녹이려 들었던가?

요즈음엔 뒷동산 솔바람 소리와 뒤뜰의 대나무 바람 소리는 새로 난 국도를 따라 질주하는 자동차 소리에 묻혀 버렸고, 폭포 소리는 목청껏 떠들어대는 등산객들의 말소리에 오염됐고, 산사의 독경 소리는 높은 나뭇가지에 걸려 있는 스피커에서 나오는 녹음된 독경 소리와 시판되는 '명상의 말씀' 테이프로 대체되었다. 그리고 달밤의 퉁소 소리는 노래방 기계의 시끌벅적한 음악에 밀려 자취도 없이 사라져 버렸다. 세상이 많이 바뀌었음을 새삼 실감한다.

들어야 할 소리를 못 듣고 소음을 들으며 살고 있는 우리들의 모습이 왠지 안쓰럽기까지 하다. 소리를 찾아보자. 귀에다 이어폰을 꽂고서 인공의 소리만 들을 것이 아니라, 귀를 열고 깨끗한 자연의 소리를 듣게 되면 삶의 여유로움을 되찾을 수 있을 것이다.

| 松 : 소나무 송 | 聽 : 들을 청 | 琴 : 거문고 금 |
| 簫 : 퉁소 소 | 澗 : 골짜기 간 | 邊 : 가 변 |

66. 구 름

> 出本無心歸亦好하니 白雲還似望雲人이라.
> 출 본 무 심 귀 역 호   백 운 환 사 망 운 인

본래 무심하여
나타날 때도
전혀 의도하는 바가 없이 나타나더니만

돌아갈 때도(사라질 때도)
또한
좋은 모습으로 스러지는구나.

저 흰 구름이
그 구름을 바라보고 있는
이 사람 같네 그려.

송나라 때의 대 시인이자 문장가인 소동파의 「망운루(望雲樓)」시 3, 4구이다.

소동파의 천재성을 다시 한번 확인하게 하는 시이다. 구름이 나고 드는 데 무슨 의도가 있으랴! 그저 아무 생각 없이 나타났다가 아무 생각 없이 사라지는 게 구름이다. 그렇게 무심하게 오고 가기 때문에 구름은 더할 나위 없이 한가하다.

소동파는 그런 구름을 바라보며 그 구름의 한가한 모습이 바로 구름을 바라보고 있는 이 사람, 즉 자기 자신과 같다고 하였다. 겨우 14자의 한자를 이용하여 이처럼 운치 있는 내용의 글을 재치 있게 써낸 것이다.

도연명의 「사시四時(4계절)」시 가운데 여름철에 해당하는 구절로서 '하운다기봉夏雲多奇峰'이라는 구절이 있다. '여름 구름에는 기이한 봉우리가 많다'는 뜻이다. 여름 풍경을 대표하는 것 중에 하나가 바로 구름이다. 그 구름을 바라보고 있노라면 기이한 봉우리는 물론이요, 별별 기이한 모습들이 다 연출된다.

여름에는 고개를 들어 구름을 보자. 매일 어두운 땅만 바라보지 말고 시원한 하늘의 구름을 보도록 하자. 그리고 현실이 아무리 각박하더라도 잠시나마 구름처럼 한가한 사람이 되어보도록 하자. 어쩔 수 없는 생활의 짜증 속에 스스로 한가함을 찾을 수 있는 방법이 될 것이다.

本 : 본래 본	歸 : 돌아갈 귀	亦 : 또 역
還 : 또 환, 도리어 환	似 : 같을 사	望 : 바라볼 망

67. 꽃은 잎으로 핀다

花無葉不姸이라.
화 무 엽 불 연

잎사귀가 없이는
꽃도
아름다울 수 없다.

송나라 때 이방(李昉) 등이
당시 세상에 전해오던
진기한 이야기를 모아 엮은 책인
『태평광기(太平廣記)』의
「장수국(長鬚國)」조에 나오는 말이다.

 꽃이 아름답게 피기 위해서는 잎이 건강하게 잘 자라야 한다. 물론 첫 봄에 피는 개나리나 진달래, 목련 등은 잎이 없이 꽃이 먼저 핀다. 이처럼 잎보다 꽃이 먼저 핀다고 해서 잎이 없이도 꽃이 핀다고 할 수 있을까? 아니다. 잎이 없이는 절대 꽃이 필 수 없다. 그 꽃들이 필 당시에는 잎보다 꽃이 먼저 피었을 뿐이지 그 꽃을 피어나게 한 것은 지난해 여름 내내 무성하게 자란 잎이다.
 지난해 땡볕 아래 있었던 잎의 수고로움이 아니었다면 개나리든 진달래든 목련이든 꽃을 피우기는커녕 생명마저도 부지할 수 없었을 것이다. 그러니 어찌 잎이 없이 피는 꽃이 있다고 할 수 있으리오?

사람관계도 꽃과 잎의 관계와 같다. 보이지 않는 곳에서 고생하는 사람들이 없다면 우리는 결코 깨끗하고 아름다운 생활을 영위할 수 없을 것이다. 환경미화원이 없다면 그 많은 쓰레기를 누가 치우며 더위 속에서 땀을 흘리는 농부가 없다면 우리가 어찌 과일 한 조각이라도 먹을 수 있겠는가?

花 : 꽃 화   葉 : 잎사귀 엽   姸 : 고울 연

68. 바람과 낙엽과 달과

蕭蕭落木聲을 錯認爲疎雨하여
소 소 낙 목 성   착 인 위 소 우

呼僧出門看하니 月掛溪南樹라.
호 승 출 문 간   월 괘 계 남 수

우수수
나뭇잎 지는 소리를
성근 비가
후둑
후둑
내리는 소리로 잘못 알고서
스님을 불러
나가 보라고 했더니

스님이 답하는 말

"시내 남쪽 나무에
달이 걸려 있습니다."

조선시대 문인이자 정치인이요, 교훈적 시조와 「사미인곡」, 「속미인곡」등 가사의 작가로 유명한 송강(松江) 정철(鄭澈)의 「산사야음(山寺夜吟, 절에서 한밤중에 읊은 시)」이다.

한밤중에 듣는 낙엽 지는 소리는 빗소리와 매우 흡사하다. 그래서 이 시의 작자인 송강 선생도 낙엽 지는 소리를 빗소리로 잘못 들었다. 비가 오는 줄 알고서 문을 열어 보았더니 비는커녕 구름 한 점 없는 맑은 하늘에 달이 휘영청 밝다.

스산한 바람, 지는 낙엽, 밝은 달, 모두 가을밤의 정취를 물씬 느끼게 하는 것들이다. 지금은 비록 달이 떠 있어도 밝은 가로등 불빛으로 인하여 달을 느끼기가 쉽지 않으니 고개를 들어 하늘의 달을 보는 일이 거의 없다. 그래서 우리의 가슴은 자꾸 메말라 간다.

예나 지금이나 달은 그대로 떠있다. 그 옛날 시골의 밤길을 걸으며 보던 달을 생각하면서 지금의 달을 한번 보고 나면 가을바람도 낙엽도 달리 느껴질 것이다. 바람이든 낙엽이든 어느 것 하나 정情 아닌 게 없다.

소년 소녀의 정서를 잃지 않도록 가을의 정취를 몸으로 느껴보자.

蕭 : 바람이 부는 소리 소　　錯 : 어긋날 착
認 : 알 인　　　　　　　　疎 : 성글 소
呼 : 부를 호　　　　　　　僧 : 중 승
掛 : 걸릴 괘

69. 자연, 있는 그대로 그냥 두어라

> 六合之外를 聖人은 存而不論이라.
> 육합지외   성인   존이불론

하늘,
땅,
東,
西,
南,
北.

육합六合의 바깥 세상에 대해서

성인聖人은
그 존재를 인정하여 그냥 놓아둘 뿐,
논하려 하지 않았다.

『장자(莊子)』
「제물론(齊物論)」에
나오는 말이다.

'명료明瞭하다'는 것은 곧 밝고 뚜렷하다는 뜻이다. 그런데 우주를 상대로 감히 '명료'라는 말을 사용할 수 있을까? 우주의 어디까지를 명료하게 볼 수 있을까? '명료'한 빛을 이용하면 모든 것을 다 볼 수 있을 것 같지만 명료는 항상 어둠을 데리고 다닌다. 그래서 '명료'의 빛이 미치지 못하는 곳은 오히려 더 어둡다.

'육합지외六合之外'인 우주는 본래 명료하게 밝힐 수 없는 대상이고 밝힐수록 더 어두워지는 존재이다. 과학이라는 도구를 빌려 많은 것을 밝혀 놓은 것 같지만 오히려 세상은 더 어두워졌다. 등잔 밑이 어둡게도 인간이 인간 자신을 잘 볼 줄 모르게 되었고, 자연도 볼 줄 모르게 되어 자신도 갉아 먹고 있고, 자신의 둥지도 헐어내고 있다.

유전자 지도를 만들어 유전자의 비밀을 밝히고 생명의 신비를 밝혀 복제인간을 만드는 일이 과연 인간을 명료하게 만드는 업적일까? 아니면 인간을 더 어둡게 만드는 우매한 일일까? 명료함만이 능사는 아니라고 본다. 신비하고 모호한 것은 신비하고 모호한 채 그냥 놓아 둘 일이다. 그게 바로 自然에 순응하는 것이다.

合 : 합할 합   外 : 밖 외   聖 : 성인 성
存 : 있을 존   而 : 말 이을 이   論 : 논할 론(논)

70. 달을 담아 둘 수 있겠는가?

> 山僧耽月色하여 幷汲一甁中이나
> 산 승 탐 월 색   병 급 일 병 중
> 到寺有應覺하리라 甁傾月亦傾이리니.
> 도 사 유 응 각   병 경 월 역 경

산 속에 사는 스님
달빛이 하도 탐나
물을 긷는 김에 달도 함께 길어 담았네.

절에 도착한 후엔
응당
깨닫겠지.

고려시대 시인인
이규보(李奎報) 선생의
「영정중월(咏井中月, 우물
속의 달을 읊다)」시이다.

물을 비우고 보니
달도
역시
비워져 버리는 것을.

달이 아무리 탐난다 해도 병 속에 가두어 둘 수는 없다. 달을 담은 물을 쏟아 부어보면 달은 금세 사라지고 만다. 바가지에 담아도 마찬가지다. 처마 밑의 그늘 속으로 들어서면 바가지에 담겼던 달은 없어지고 물만 남는다. 달은 그저 하늘에 띄워 두고 다 함께 볼 일이다.

　달뿐이 아니라 모든 자연이 그러하다. 혹 산에 가거든 풀 한 포기, 돌 한 개도 가져올 생각을 말자. 거기에 있는 그대로 놓아두고 다 함께 보도록 하자. 그대로 놓아두면 항상 너의 것이 된다. 수석이나 분재라는 이름으로 몰래몰래 캐올 일이 아니다. 한번 캐오고 나면 떠가지고 온 물속의 달이 사라지듯이 그것은 언젠가 사라지고 만다.

僧 : 중 승　　　耽 : 아낄 탐　　　汲 : 길을 급
瓶 : 병 병　　　應 : 응당 응　　　覺 : 깨달을 각
傾 : 기울일 경

71. 하늘은 이불, 산은 베개, 달은 촛불, 구름은 병풍

天衾地席山爲枕하고 月燭雲屛海作樽이라
천 금 지 석 산 위 침   월 촉 운 병 해 작 준

大醉居然仍起舞하니 却嫌長袖掛崑崙이라.
대 취 거 연 잉 기 무   각 혐 장 수 괘 곤 륜

하늘은 이불
땅은 깔 자리
산으로 베개 삼고

달은 촛불
구름은 병풍
바다로 술동이 삼아

크게 취해 일어나
춤을 추나니

내 긴 소매 자락
곤륜산에 걸릴까 염려되는구나.

전북 김제 만경 출신으로서 조선 중기의 명승이었던 진묵대사(震黙大師)의 시이다.

아무 곳에도 매인 바 없이 훨훨 날듯이 사는 절대 자유인의 노래이다. 중국의 시인 이백은 일찍이 "푸른 하늘을 한 장의 종이로 삼아 내 뱃속의 시를 다 써보고 싶다"고 자못 호언을 하였다는데 진묵대사의 이 시에 드러난 기상과 자유정신은 이백의 그것보다도 훨씬 더 한 것 같다. 진묵대사의 집은 자연 그 자체였다. 그렇다면 하늘과 땅은 진묵대사에게만 이불과 깔 자리를 제공하였을까? 결코 그렇지 않다. 하늘과 땅은 누구에게나 공평하게 이불과 깔 자리를 주었다. 그런데 사람들은 자기에게 주어진 땅과 하늘과 산과 바다와 구름과 달빛을 제대로 누리지를 못하고, 몇 평 아파트에 갇힌 채 비단 이불이나 고급 양주 몇 병만을 소중하게 여겨 그것을 지키려고 애를 썼다. 그래서 하늘도 땅도 잃어버리게 되었고, 달도 구름도 바다도 잃어버리게 되었다.

하늘, 구름, 달빛, 산, 땅……. 모든 자연은 다 내가 누려야 할 것임을 알아야 한다. 자연 앞에서 우리는 다 부자인 것이다. 다만 그것들을 누리고 즐기려는 절대 자유의 정신이 없기 때문에 달과 구름과 산과 바다를 모두 내 것이 아닌, 나의 삶과는 무관한 것으로 여기고 있다. 마음을 열고 절대 자유를 지향해 보자. 우리는 금세 온 세상을 다 가진 부자가 될 수 있을 것이다.

衾 : 이불 금	席 : 깔 자리 석	枕 : 베개 침
燭 : 촛불 촉	雲 : 구름 운	屛 : 병풍 병
樽 : 동이 준	醉 : 취할 취	居 : 살 거
仍 : 이에 잉	起 : 일어날 기	舞 : 춤출 무
却 : 오히려 각	嫌 : 꺼릴 혐	袖 : 소매 수
掛 : 걸 괘 (※ '崑崙'은 산 이름)		

72. 지는 꽃, 피는 잎

知否 知否아, 應是綠肥紅瘦리라.
지 부 지 부   응 시 녹 비 홍 수

아느냐,
모르느냐?

녹음은 살쪄가고
꽃은 여위어 가는 것을.

중국 문학사상 최고의 여류 사(詞)작가로 평가받고 있는 이청조(李淸照)의 「여몽령(如夢令)」이라는 사에 나오는 구절이다.

이청조는 북송과 남송시대를 거쳐 산 인물이다. 북송시대의 그녀는 남편 조명성趙明誠과 함께 문학을 논하고 고서화古書畵와 고기물古器物을 감상하면서 최고 수준의 인텔리 부부로서 무척 행복하게 살았다. 그러나 북송 말, 금金나라의 침입을 받으면서 이청조의 비극은 시작되었으니 남편은 죽고, 고서화와 고기물 등 재산마저 다 잃고서 그녀는 홀로 남녘땅을 떠돌다가 비참하게 최후를 마쳤다. 이처럼 기복이 심한 삶을 산 이청조는 그녀 특유의 문학적 감수성으로 주옥같은 사詞를 많이 남겼다.

어느 봄날 늦잠에서 깬 이청조는 어제 밤의 비바람을 상기하고선 뜰에 피어 있던 해당화 생각에 가슴이 덜컥 내려앉았다. 때마침 창을 걷고 있던 시녀에게 물었다. 해당화가 어떠하냐고. 흘깃 뜰을 한번 바라본 시녀는 아무런 생각 없이 "괜찮은데요."라고 대답한다. 그러나 이청조는 읊조린다. "아느냐, 모르느냐? 녹음은 살쪄가고 꽃은 여위어 가고 있는 것을……." 봄이 가고 여름이 다가오는 녹비홍수綠肥紅瘦의 계절, 이쪽을 보면 지는 꽃이 아쉬워 눈물이 나고, 저쪽을 보면 피는 잎이 너무 싱그러워 웃고 싶은 계절이다. 너무 아름다운 자연 앞에서 살아있다는 것만으로도 충분히 행복한 그런 계절인 것이다.

知 : 알 지 　　否 : 아닐 부　　應 : 마땅히 응
綠 : 푸를 녹(록)　　肥 : 살찔 비　　紅 : 붉을 홍
瘦 : 여윌 수

73. 여름

密葉翳花春後在 하고　薄雲漏日雨中明 이라.
밀 엽 예 화 춘 후 재　　　박 운 루 일 우 중 명

촘촘한
푸른 잎에 가린 채로
꽃은
봄 뒤에 남아 있고,

엷은
구름 사이로 새는
햇빛은
빗속에 밝네.

백운거사(白雲居士)
이규보(李奎報) 선생의
「하일즉사(夏日卽事,
여름날의 즉흥시)」시
제2수의 끝 구절이다.

꽃의 계절인 봄은 가고, 꽃 대신 찾아온 짙은 녹음이 싱그럽다. 그 짙은 녹음에 가려 제대로 얼굴도 들지 못하고 있는 들꽃 몇 송이가 정겹다. 짙푸른 들녘을 가로질러 불어오는 바람에 실려온 뭉게구름의 색깔이 갑자기 짙어지더니 '후두둑 후두둑' 빗방울이 떨어진다. 삽시간에 먼지를 가시게 할 만큼의 비를 뿌리고서 무게를 덜어낸 구름은 언제 비를 내렸느냐는 듯이 상쾌한 모습으로 푸른 하늘을 떠간다. 그런 구름의 틈새로 밝은 햇빛이 비친다. 아직 저편 들녘의 끝에서는 지나가는 비가 부옇게 내리고 있는데 이곳은 눈부신 햇빛이 쏟아진다. 시골에 살다보면 더러 이런 풍경을 만나곤 한다. 너무 정겨운 여름날의 풍경이다. 여기에 내리는 비에 잠시 몸을 숨겼던 매미가 나와 울어대기 시작하면 여름날의 운치는 절정에 이른다. 아직도 시골에 가면 이런 풍경들을 만날 수 있다.

요즈음 우리는 대부분 현대적 놀이 시설이 갖추어진 야외 수영장이나 해수욕장, 콘도 등으로 피서를 떠난다. 그립긴 하지만 불편하다는 이유로 시골에 찾아가기를 망설인다. 그 사이에 아름다운 시골 풍경은 하나 둘 사라지고, 자라나는 아이들은 시골 풍경의 그 귀한 값을 전혀 알 길이 없게 된다. 해마다 여름이 되면 조금 불편하더라도 아이들을 데리고 이런 시골 풍경들을 많이 겪어 보도록 함이 어떨까?

密 : 빽빽할 밀　　　　翳 : 가릴 예
薄 : 엷을 박　　　　　漏 : 물샐 루(누)

74. 연잎-빗속에서

貯椒八百斛하여　千載笑其愚커늘
저 초 팔 백 곡　　　천 재 소 기 우
如何碧玉斗로　竟日量明珠오?
여 하 벽 옥 두　　경 일 량 명 주

뇌물을 좋아한
당나라 사람 원재元載가
후추마저도 뇌물로 받아
800곡(斛 : 1斛은 10섬)이나
쌓아두었다는 이야기가 있어서
천 년이 지난 후세에도
웃음거리가 되었거늘

너
연잎은
어인 일로
푸른 옥으로 만든 말(斗)을 들고서
하루 종일
빛나는 구슬을 되고 있느냐?

조선시대 문인인
최해(崔瀣)가 쓴
「우하(雨荷, 빗속의 연잎)」
라는 시이다.

연잎은 다른 풀잎이나 나뭇잎과 달리 비를 맞더라도 전체가 다 젖지 않고 마치 기름종이처럼 물방울을 동그랗게 모아들이는 성질을 가지고 있다. 연잎 위에 맺히는 그런 물방울을 보면 마치 연잎 위에 아름다운 구슬이 구르는 것 같다. 빗방울 하나가 떨어지면 그 빗방울은 하나의 구슬이 되어 '데구루루' 구르다가 연잎의 가운데로 모여 점점 더 큰 구슬로 변해간다. 그 구슬이 커질 대로 커져서 더 이상 연잎이 감당할 수 없게 되었을 때 연잎은 살짝 고개를 기울여 그 구슬을 다 쏟아내고 다시 떨어지는 구슬을 받기 시작한다. 시인은 이러한 연잎의 아름다운 모습을 놓치지 않고서 연잎을 향해 "어인 일로 푸른 옥으로 만든 말(斗)로써 하루 종일 빛나는 구슬을 되고 있느냐?"고 물었다. 재미있게도 뇌물을 많이 받기로 유명한 당나라의 탐관오리를 끌어들여 하루 종일 보석을 말로 되고 있는 너 연잎은 당나라의 탐관오리보다 더 하지 않느냐는 농을 섞어 묻고 있다. 발상이 너무나도 참신해 명작이라고 아니할 수 없다.

해마다 전라북도 전주의 덕진 연못에는 푸른 연잎 속에 연꽃들이 아름답게 피어난다. 비 오는 날 아름다운 덕진 연못에 가거든 이 시를 한번 읊조려 보자.

貯 : 쌓을 저　　椒 : 후추 초　　斛 : 휘 곡
載 : 해(年) 재　　愚 : 어리석을 우　　竟 : 마침 경
量 : 헤아릴 량(양)

75. 딱따구리의 어리석음

> 啄木休啄木하라, 老木餘半腹이라
> 탁 목 휴 탁 목　　　노 목 여 반 복
> 風雨寧不憂냐, 木摧爾無屋이라.
> 풍 우 영 불 우　　　목 최 이 무 옥

딱따구리야
딱따구리야
나무를 그만 쪼아라

이 늙은 나무의
배(腹)가
반밖에 남지 않았구나.

비바람에 내가 쓰러지는 건 두렵지 않다만
내가 쓰러지고 나면
네가 살아갈 집이 없을까 봐 걱정이구나.

3.1 운동 당시, 민족 대표 33인 중의 한 분이었으며 근세 한국 미술계에서 가장 탁월한 안목을 가진 고서화 감식가(鑑識家)이자 수장가(收藏家)였고 전각가(篆刻家)이자 서예가였던 위창(葦蒼) 오세창(吳世昌) 선생의 작품집에서 본 글이다.

위창 선생께서 직접 지으신 글인지 아니면 다른 사람의 글을 옮겨 쓴 것인지는 확인하지 못했다. 딱따구리와 나무와의 관계를 잘 묘사하여 우리에게 큰 가르침을 주는 빼어난 시이다.

나무에 사는 벌레를 잡아먹는 재미에 빠져서 자신이 사는 집인 노목이 쓰러지는 줄도 모르고 계속 나무를 쪼아대는 딱따구리. 마치 제 삶의 터전인 자연을 파괴하고 있는 사람을 보는 것 같다. 눈앞의 이익을 위해 산을 깎아 집을 짓고, 계곡을 막아 둑을 쌓고, 다시 산을 잘라 길을 내는 사람들……. 장차 죽음을 부르는 일인 줄도 모르는 채 "개발 덕택에 잘 살게 되었다"고 오히려 좋아한다. 논과 밭은 온통 농약으로 오염되어 차츰 먹고 살 게 없어지고 있는데 "농약덕택에 병충해 없이 소득을 많이 올렸다"고 오히려 춤을 추는 사람들……. 사람아, 사람아! 노목을 쪼아대고 있는 딱따구리와 다를 게 무엇인가?

啄 : 쪼을 탁   休 : 쉴 휴   寧 : 차라리 영(녕)
摧 : 꺾일 최   爾 : 너 이   屋 : 집 옥

제5부

대나무와 고기반찬
─삶과 예술에 대한 사랑

76. 음악회에 가시거들랑

此曲祇應天上有리니 人間能得幾回聞이리오.
차곡지응천상유   인간능득기회문

이런 곡(음악)은
오직
하늘나라에만 있을 듯하니

인간 세상에서
능히
몇 번이나
들을 수 있겠소?

시인 두보의 「증화경(贈花卿, 화경에게)」이라는 시에 나오는 구절이다.

음악이 얼마나 아름다웠으면 이런 표현을 하였을까? 과장이 심하다고 생각할 수도 있으나 혼신의 힘을 다하여 연주회를 마친 음악가에게 이런 말로 칭찬을 해 준다면 얼마나 기분이 좋을까? 이런 칭찬을 받은 음악가는 음악에 대해서 훨씬 더 자신감을 갖게 될 것이다. 비록 다소 과장되어도 좋으니 그러한 칭찬과 격려와 호응이 있을 때 음악은 발전한다. 음악뿐 아니라 모든 예술이 다 그렇다. 그래서 어떤 평론가는 예술은 관중의 박수를 먹고 자란다고 하였다.

전라북도의 수도인 전주全州를 흔히 예향이라고 한다. 예향답게 공연장과 전시장이 비교적 많은 편이다. 특히「한국 소리문화의 전당」은 이 지역 음악인들에게 큰 희망을 준 공연장이다. 이「한국 소리문화의 전당」에서는 음악회도 많이 열리고, 전시회도 많이 열린다. 이 공연장 외에도 많이 참여하여 우리의 귀와 눈을 씻어서 우리의 영혼을 맑게 하도록 하자. 그리고 연주회나 전시회에 가거든 비평도 아끼지 말아야 하겠지만 칭찬에도 인색하지 않도록 하자. 그리고 연주자들은 출입구 한 쪽에 간단한 연주회 평을 적을 수 있는 공간을 만들어 두면 어떨까? 누군가가 붓이나 펜을 들고서 '此曲祗應天上有, 人間能得幾回聞'이라는 기분 좋은 평을 쓰고 가기를 기대하면서 말이다.

此 : 이 차   祗 : 다만 지   應 : 마땅 응
幾 : 몇 기   回 : 횟수 회

77. 흰머리

朝如靑絲暮成雪이라.
조 여 청 사 모 성 설

아침에는
푸른 실과 같더니

밤이 되자
흰 눈을 이루었네.

(나의 머리카락이)

> 당나라 때의 시인
> 이백(李白)의 대표작인
> 「장진주(將進酒)」의
> 한 구절이다.

(괄호 안은 의미전달을 위해 내용을 덧붙임_편저자)

젊은이의 머리 빛은 검다 못해 푸른빛을 띠기까지 한다. 그런 머리카락을 이백은 푸른 실에 비유하였다.

젊은 시절의 그처럼 아름답던 머리카락도 어느새 나이가 들면 하얗게 세고 만다. 그렇게 세어버린 머리를 이백은 흰 눈에 비유하였다.

윤기 있는 검은 머리카락이 눈과 같이 하얗게 세어버리는 데에 걸리는 시간은 그리 많지 않다. 햇수로 치자면 40~50년 혹은 50~60년이 걸리겠지만 돌이켜 보면 그 세월도 눈 깜짝할 사이에 지나가 버린 아주 짧은 세월에 불과하다. 그래서 이백은 "아침에는 푸른 실과 같더니 밤이 되자 흰 눈을 이루었다"고 하여 사람의 짧은 한평생을 아침과 저녁에 비유하였다.

가는 세월 속에 다가오는 늙음을 누가 막을 수 있으랴! 그래서 고려시대의 시인인 우탁禹倬 선생도 다음과 같은 시조를 지어 늙어가는 것은 막을 수 없다고 노래하였다.

"한 손에 가시 쥐고 또 한 손에 막대 들고
늙는 길 가시로 막고 오는 백발 막대로 치려했더니
백발이 제 먼저 알고 지름길로 오더라."

시간이 쉼 없이 흐르고 흐르다 보면 달이 바뀌고 해가 바뀐다. 가는 세월 앞에 특히 서러움을 타는 게 노인들이다. 말은 하지 않더라도 저미는 가슴으로 부모님을 생각해 보고 또 늙어가는 자신의 모습도 돌아보면서 나이에 걸맞게 철든 생활을 하도록 하자. 늙음은 지름길로 온다고 하지 않던가?

朝 : 아침 조	如 : 같을 여	絲 : 실 사
暮 : 저물 모	成 : 이룰 성	雪 : 눈 설

77. 흰머리

78. 시비는 가려서 무엇하랴

> 但見花開落하고 不言人是非라.
> 단 견 화 개 락   불 언 인 시 비

단지
꽃이
피고 지는 것이나
바라볼 뿐,

사람의 시비는
말하지 않으려네.

전북 전주 시내의 어느 표구사에 들렀다가 발견한 성재(惺齋) 김태석(金台錫) 선생의 서예 작품에서 본 글이다.

김태석 선생은 항일시대에 주로 활동했던 서예가이자 전각가로서 특히 전서篆書를 잘 썼고, 전각에 있어서는 우리나라 전각계에서 선구적 역할을 한 인물이다.

但見花開落, 不言人是非!

작품의 끝 부분에는 '유당酉堂에게 준다'는 쌍낙관雙落款이 되어 있었다. 유당 역시 항일 시기에 주로 활동했던 전주 출신의 서예가로서 이름은 김유순金酉舜이고 성재 김태석보다는 후배이다.

성재나 유당이 살던 이때는 선배가 후배에게, 혹은 스승이 제자에게 이렇게 좋은 글을 써서 선물하는 일이 흔히 있었다. 결혼이나 회갑 등의 잔칫날에도 으레 시 한 수에 글씨 한 줄이라도 써서 마음을 전달하곤 하였다. 얼마나 운치가 있는 선물인가?

요즈음은 풍속이 많이 달라졌다. 잔칫날이면 봉투 하나씩 들고 찾아가서 술이나 밥을 잘 얻어먹고 오면 그만이다. 운치와는 거리가 멀다.

홀로 숨어 자연과 더불어 살며 단지 꽃이 피고 지는 것이나 바라볼 뿐, 시비는 물론 사람 자체에 대해서도 말을 하지 말아야 할 그런 세상이 되어 버린 것 같다. 영산홍에 꽃망울이 맺히는 봄이 되어도, 은행잎 가에 노란 테두리가 생기기 시작하는 가을이 되어도, 피는 꽃과 지는 낙엽만 바라볼 뿐이다. 세상 시비는 말하여 무엇 하리!

但 : 다만 단   開 : 열 개   落 : 떨어질 락
是 : 옳을 시   非 : 그를 비

79. 최고의 처방은 대나무

人逢俗病便難醫러니 岐伯良方竹最宜라네.
인 봉 속 병 변 난 의   기 백 양 방 죽 최 의

사람이
속俗됨의 병을 만나면
치료하기가 어려운데

명의인 기백岐伯의
좋은 처방에 의하면

속스러움을 치료하는 데에는
대나무가
가장 알맞은 약이라 하네.

청나라 사람 이방응(李方膺)이 쓴 「죽석도축(竹石圖軸, 돌과 대나무를 그린 족자)」이라는 시의 1, 2구이다.

한국이나 중국 사람들은 예로부터 화초를 좋아하는 것도 외적인 모양만 보고서 좋아한 것이 아니라, 그 화초의 속성을 사람이 가져야 할 덕목에 비겨 그 덕목에 따라 화초를 좋아했다. 국화는 서리를 맞고서도 절개를 굽히지 않는다고 생각하여 좋아하였고, 매화는 겨

울 추위를 이기고 눈 속에 피기에 그 인고忍苦의 정신을 높이 샀다. 난초는 보아주는 이 없어도 향기를 내뿜는다고 해서 사랑하였고 연꽃은 진흙 속에서 피어났어도 전혀 진흙에 물들지 않는 고결함이 있다고 하여 아꼈다. 그리고 대나무는 사철 푸른 절개를 변치 않으며 곧게 자란다고 하여 그 올곧음을 사랑하였다.

　선비들이 대나무를 특히 좋아한 까닭은 바로 이 올곧음 때문이었다. 선비는 진리를 밝히는 사람이다. 그런 선비가 올곧음을 버리고 권력과 야합을 하거나 부와 결탁하여 안락함에 도취된다면 그런 선비는 선비라 할 수 없다. 그런 속물은 치료할 길이 없다. 그나마 치료의 방법을 찾는다면 대나무를 곁에 두고 날마다 대나무의 정신을 배우는 길밖에 없다. 항일시대를 산 선비들이 특히 대나무 치는 것을 중시하였던 것도 일제의 억압에 결코 굽히지 않겠다는 선비 정신의 표현이었다. 대나무는 어떠한 경우에도 속스럽지 않아야 할 선비 정신의 상징이다. 어지러운 세상을 핑계 삼아 되는대로 살려고 하지 말고, 대나무의 고결한 정신을 배우도록 하자. 그리하여 돈에 오염되고 권력에 오염되어 향락에 취해 있는 우리의 정신을 정화하도록 하자.

逢 : 만날 봉　　俗 : 속될 속　　便 : 곧 변
難 : 어려울 난　　岐 : 산이름 기　　伯 : 맏 백
宜 : 마땅 의

80. 대나무를 그리고 보니

墨汁未乾縈擱筆하니 淸風已淨肺腸泥라.
묵 즙 미 건 재 각 필　　청 풍 이 정 폐 장 니

붓을 놓고 보니
아직
먹물도 안 말랐는데

(그려놓은 대나무에서는)

맑은
바람이 불어
내 폐부의
진흙 먼지를
씻어주고 있네.

청나라 사람
이방응(李方膺)이 쓴
「죽석도축(竹石圖軸, 돌과
대나무를 그린 족자)」이라는
시의 3, 4구이다.

(괄호 안은 의미전달을 위해 내용을 덧붙임_편저자)

전남 담양의 소쇄원瀟灑園에 가면 우리는 그 주변의 대나무 밭에서 불어오는 맑은 바람을 만날 수 있다. 그리고 맑은 바람의 음악을 들을 수 있다. 그렇게 맑은 바람의 음악을 곁에 두고 사는 사람의 마음이 탁해질 리가 없다. 그래서 옛 선비들은 대나무를 늘 가까이 두었다. 오죽했으면 반찬이 없는 밥은 먹을 수 있어도 대나무 없이는 살 수 없다고 했을까?

옛 선비들은 몸이 살찌는 것보다 정신이 맑아지는 것을 더 중시했다. 그래서 늘 대나무를 곁에 두고자 하였을 뿐 아니라, 대나무를 그리면서 대나무의 올곧음과 맑은 정신을 배우려고 노력하였다.

하얀 종이 위에 검은 먹과 물을 적절히 배합하여 먹으로 하여금 수십 층의 색을 내게 하고, 그 수십 층의 먹색을 이용하여 줄기도 그리고, 잎도 그리고, 바람 소리도 그리고, 원근까지도 표현하고 나면 그 그림 안에서는 정말 대 바람 소리가 들려오는 것 같다. 어찌 시원하지 않으랴! 어디 시원하다 뿐이겠는가? 시원한 바람으로 인해 내 몸 안에 낀 먼지와 때가 다 날라가 버리는 것 같은 청량감을 느낀다. 이런 청량감은 '내 마음 안의 대나무'를 그려본 사람만 맛볼 수 있는 청량감이다. 먹과 물로만 그렸지만 그 대나무 그림을 어찌 색깔만 화려한 장미 그림에 비할 수 있겠는가?

墨 : 먹 묵 　　　汁 : 국물 즙 　　　纔 : 비로소 재
擱 : 놓을 각 　　　淨 : 맑을 정 　　　肺 : 허파 폐
泥 : 진흙 니(이)

81. 사람에 따라 때에 따라

人各有所好하고 物固無常宜라.
인각유소호   물고무상의

사람은
각기
좋아하는 바가 다르고

사물은
항상
그 모습으로 있지 않다.

당나라 때의 시인
백거이(白居易)가 쓴
「학(鶴)」이라는 시의 1, 2구이다.

(어찌 저 사람이 좋아하는 바를
탓할 수 있겠으며
어찌 변하는 주변을 탓할 수 있으랴)

(괄호 안은 의미전달을 위해 내용을 덧붙임_편저자)

지금은 많이 달라졌지만 한 때 일기예보를 통해 '곳에 따라 때때로 비'라는 말을 자주 듣던 시절이 있었다. 지역에 따라 비가 오는 곳도 있고 안 오는 곳도 있겠으며 또 때에 따라 비가 올 때도 있고 안 올 때도 있다는 뜻으로 쓰인 말인데 따지고 보면 무척 무책임한 말이다. 어느 지역에 언제쯤 비가 올는지 전혀 알 수 없는 표현이기 때문이다.

그러나 '곳에 따라 때때로'라는 말 자체가 틀린 것은 아니다. 그 말이 쓰일 곳은 따로 있다. 세상의 물건이나 일이야말로 보는 사람에 따라서 그리고 보는 때에 따라 다 다르게 보일 수 있다. 파초잎에 빗방울이 떨어지는 현상은 어제나 오늘이나 다를 바가 없지만 갑甲이 듣는 빗방울 소리가 다르고, 을乙이 듣는 빗방울 소리가 다르며, 어제 들을 때와 오늘 들을 때가 또 다르게 들린다. 어제는 노래로 들리던 것이 오늘은 소음으로 들릴 수 있는 것이다. 그러므로 어느 한 때 자신이 가졌던 감각과 관점을 남에게 강요해서는 안 된다. 사람마다 좋아하는 바가 다르고 물건이라고 해서 항상 한 가지 모습으로 내게 다가오는 것이 아닌데 어떻게 남을 나의 감각과 관점에 맞춰 살게 할 수 있겠는가?

各 : 각기 각   所 : 바 소   好 : 좋아할 호
固 : 진실로 고   常 : 항상 상   宜 : 마땅할 의

82. 그대, 춤을 추고 있는가?

誰謂爾能舞오 不如閑立時라.
수위이능무   불여한립시

누가
그대더러
춤을
잘
춘다고 하던가?

내가 보기엔
한가히
서 있을 때가
훨씬 나은 걸

당나라 때의 시인 백거이(白居易)가 쓴 「학(鶴)」이라는 시의 3, 4구이다.

어떤 이는 비상하는 학의 날갯짓을 보면서 '아! 그 학 참 너울너울 춤도 잘 춘다'고 하며 학은 춤을 출 때가 가장 아름답다고 생각할 테지만, 어떤 이는 물가에 한가하게 서 있는 학의 그 고아하고 맑은 자태를 보며 '아! 학은 역시 저 모습이어야 한다.'는 생각을 할 수 있는 것이다. 사람의 관점은 이렇게 다르다.

어찌 학의 모습만 그렇게 보이랴! 일상을 사는 나의 모습도 그러하리라. 내가 추는 춤에 나 스스로가 취하여 날마다 신나게 춤을 추며 사는데 그런 나를 보며 다른 사람은 '저 사람은 춤을 출 때보다 가만히 있을 때가 훨씬 낫다'는 생각을 얼마든지 할 수 있는 것이다. 그리고 나 자신이 나를 볼 때도 어제까지는 춤을 추는 내가 자랑스럽더니만 오늘은 춤추는 내가 몹시 추하게 보일 때도 있을 것이다. 그저 춤이라는 춤은 다 접고 한가하게 서 있고 싶을 때도 있을 것이다.

춤을 추는 모습이 아름다운지 아니면 그저 한가하게 서 있는 모습이 아름다운지를 항상 제대로 판단할 수 있다면 얼마나 좋으랴. 그러나 그것은 정말 쉽지 않은 일이다. 춤을 추어야 할 때 우두커니 서 있는 것도 어색한 일이지만 서 있어야 할 때 날뛰며 춤을 추는 것은 더욱 꼴불견이다.

誰 : 누구 수　　　謂 : 이를 위　　　爾 : 너 이
舞 : 춤출 무　　　閑 : 한가 한

83. 새벽 등불

孤村到曉猶燈火하니 知有人家夜讀書로다.
고 촌 도 효 유 등 화   지 유 인 가 야 독 서

외딴
마을에
새벽이 가깝도록
등불이 반짝이는 걸 보니

뉘 집 자제인가?

아직도

독서를 하고 있는 게로구나.

송나라 사람
조충지(晁沖之)의 시
「야행(夜行)」의 한
구절이다.

아직 가을인가 싶다가도 가을비가 한번 내리고 나면 겨울이 성큼 다가와 싸늘한 바람이 목 밑을 파고든다. 겨울은 도시의 퇴근길에 종종대는 발걸음으로부터 온다. 하지만 아무래도 추수가 끝난 황량한 들판을 배경으로 옹기종기 누워 있는 시골 마을에 땅거미가 질

때 굴뚝에서 피어오르는 하얀 연기를 타고 오는 겨울이라야 제 맛이 나는 겨울이다.

그리고 이보다 더 겨울맛 나는 겨울은 깊은 밤 등잔불 아래서 책을 읽는 아이의 초롱초롱한 눈망울이 눈치 챌까 봐 호롱 등잔불 그늘 뒤에 숨어서 소리 없이 장독대 위에 내려앉아 눈발을 타고 오는 겨울이다.

아아! 그리운 겨울, 40대 중반 이상의 사람들은 아직도 이런 겨울을 기억하고 있을 것이다. 이영도 시인의 시조이던가?

"아이는 글을 읽고 나는 수를 놓고
심지 돋우고 이마를 마주 대면
어둠도 고운 사랑에 삼가는 듯 둘렀다."

짧은 몇 마디로 등잔불과 겨울밤과 모자母子간의 사랑을 함께 읊은 시조다. 등잔불에 담겨있는 이런 아름다운 정서를 전깃불에 익숙한 요즈음 아이들은 짐작이나 할 수 있을까?

| 孤 : 외로울 고 | 村 : 마을 촌 | 曉 : 새벽 효 |
| 猶 : 아직 유 | 燈 : 등잔 등 | |

84. 매화와 눈과 시인

有梅無雪不精神하고 有雪無詩俗了人이라.
유매무설부정신　　　유설무시속료인

매화가 있는데
눈(雪)이 없으면
매화의 정신이 돋보이지 않고

눈이 내리는데도
시를 짓지 않는다면
그런
사람은 속된 사람이다.

송나라의 시인
노매파(盧梅坡)가 쓴
「설매(雪梅)」라는 시의
1, 2구이다.

    매화는 눈 속에 피는 설중매雪中梅라야 제격이다. '매화는 추위의 고통을 겪은 후에야 맑은 향기를 내뿜는다梅經寒苦發淸香'는 말이 있으니 말이다. 이처럼 매화가 있으면 눈이 있어야 하듯 눈이 내리면 시가 한 수쯤은 나와야 한다.
    눈이 펑펑 내리는데도 시는커녕, 좋은 시를 가사로 한 노래 한 가락도 흥얼대지 못하거나 로또 복권이나 부동산 가격을 알아보고 있는 사람은 정말 매력 없는 사람이다. 부동산 가격을 알아보고 증권 시장을 기웃거린다고 해서 꼭 부자로 잘 사는 것도 아닐 텐데 말이다.

 아날로그 녹음기를 틀어서 멋진 노래를 내보내고 덤으로 호떡 한 장씩을 더 주며,

"아저씨 웬 덤이에요?"

라고 묻는 아이에게 빙긋이 웃으며,

"눈이 오니까."

라고 대답하는 포장마차 호떡 아저씨 같은 사람도 있다. 눈이 올 때는 매화의 맑은 향기처럼 마음속 감흥을 불러 일으켜 보자.

梅 : 매화 매   俗 : 풍속 속, 속될 속   了 : 마칠 료, 어조사 료

85. 향기

坐久不知香在室터니 推窓時有蝶飛來라.
좌구부지향재실　　추창시유접비래

오랫동안
앉아 있다 보니
방안에
향기가 있는 줄도 몰랐었는데

창문을 밀어젖히니
그 때
어디선가
나비가
한 마리
날아들어 오네.

명나라 사람
여동록(余同麓)이 쓴
「영란(咏蘭, 난초를 읊다)」시의
3, 4구이다.

이 시의 처음 두 구절은 다음과 같다.

내 손수
난초와 혜초를
2, 3년 동안 북돋우고 가꾸었더니만
날씨가 따뜻해지고
바람이 온화해지면서
차례로
꽃이 피었구나.
(手培蘭蕙兩三載 日暖風和次第開)

이렇게 핀 난초가 방안 가득 향기를 내뿜고 있지만 주인은 향기를 거의 느끼지 못하고 있다. 오랫동안 향기 속에 앉아 있다 보니 향기에 취하여 코가 이미 익숙해져 버린 것이다. 그러다가 문득 창문을 열었더니 어디선가 나비 한 마리가 그 향기를 맡고서 날아들어 온다. 그제야 방안 가득한 향기를 실감한다.

난초 향기만이 아니라 사람의 향기도 이와 같을 것이다. 늘 함께 있는 사람은 함께 있는 그 사람의 향기를 별로 느끼지 못한다. 그래서 우리 속담에도 '동네 송아지는 항상 송아지다'라는 말이 있다. 늘 보는 송아지는 아무리 커도 항상 송아지로 보인다는 뜻이다.

가까이 모시고 있는 선생님은 그 선생님이 얼마나 귀한 분인 줄을 알기가 쉽지 않다. 그러나 타향에 가서는 그 선생님의 성함만 대도 '그분의 제자'라는 이유로 대우를 받는 경우가 있다. 그제야 선생님의 높은 덕을 실감하게 되는 것이다. 우리 주변에도 훌륭한 인물들이 많이 있다. 향기를 품고 사는 이웃들이다. 다만 가까이 살기 때문에 그분들의 값진 향기를 느끼지 못하는 것이다. 가까이 계시는 분이라고 해서 혹 '동네 송아지' 대접을 하고 있지나 않은지 잘 살펴보도록 하자.

坐 : 앉을 좌
推 : 밀 추
久 : 오래 구
蝶 : 나비 접

86. 고기반찬과 대나무

寧可食無肉이나 不可居無竹이라
영가식무육　　　불가거무죽
無肉令人瘦하고 無竹令人俗이라
무육영인수　　　무죽영인속
人瘦尙可肥나　 士俗不可醫라.
인수상가비　　　사속불가의

차라리
고기반찬이 없는
밥은 먹을지언정

대나무가 없는 곳에서는
살 수 없네.

고기반찬이 없는 식사는
사람을 야위게 하고
대나무가 없으면
사람이 속스러워 진다네.

야윈 사람은
살찌게 할 수 있지만
선비가
한번
속스러워 지고 나면
치료할 방법이 없다네.

송나라 때의 시인이자,
문장가이며 서예가였던
소동파가 쓴
「어잠승녹균헌(於潛僧綠筠軒,
잠승의 녹균헌에서)」 시의
앞부분 세 연이다.

  대나무는 선비 정신의 상징이다. 사철 푸르면서 곧게 자라는 기상이 있고, 그러하면서도 한편으로는 한없이 부드러운 음악을 간직하고 있어서 언제라도 악기가 될 수 있는 것이 대나무이다. 그래서 옛 선비들은 대나무의 그러한 기상과 절개와 풍류를 취하여 늘 곁에 심어 두고 보았다. 그리고 그런 대나무를 가까이 두고 보면서 세속에 물들지 않고 청아하게 살 것을 다짐했다. 이러한 대나무가 어디 고기반찬에 비할 바이겠는가!

　야윈 몸이야 얼마든지 다시 살찌울 수 있지만 선비가 한번 속물이 되고 나면 치료할 방법이 없다고 한 말이 비수보다도 날카롭다. 건강을 염려하여 좋은 먹거리를 찾아 헤매는 것이 요즈음 사람들의 모습이다. 먹는 것도 물론 중요하겠지만 더불어 정신도 건강하게 살찌우는 데 노력하는 것이 어떨까?

寧 : 차라리 영(녕)	居 : 살 거	瘦 : 야윌 수
令 : 하여금 영(령)	俗 : 풍속 속	尙 : 오히려 상
肥 : 살찔 비	醫 : 치료할 의	

87. 잃어버린 시심詩心

晴空一鶴排雲上하여　便引詩情到碧霄라.
청 공 일 학 배 운 상　　　변 인 시 정 도 벽 소

맑게 갠
하늘

한 마리
학이
구름을 밀치고 날아가면서
나의 시심詩心을 일깨워

당나라 때의 시인인
유우석(劉禹錫)의
「추사(秋詞, 가을노래)」라는
시의 끝 두 구절이다.

하늘
끝까지
이르게 하였네.

사춘기 시절엔 시인이 아니었던 사람이 어디 있었으랴. 그 옛날 젊은 시절엔 무심히 앉아 가는 버스나 기차의 차창에 비친 아늑한 어느 마을, 단풍이 물든 어느 산골의 풍경 앞에서는 나도 모르는 사이에 시심詩心이 일렁이고 뭐라고 한 마디쯤은 하고 싶었다.

어른이 되고난 후 언제부터인가 내 차로 거리를 달리면서부터는 아름다운 풍경을 만날 때마다 '이 땅을 한 300평쯤 사서 별장 하나 지었으면 좋겠다'는 생각을 하게 되었다. 그 때부터 풍경은 더 이상 아름답게 보이지를 않고, 가슴에 일던 시심은 식은 듯이 사라져 버린 것 같다.

가슴에 시심이 자리하고 있으면 300평 땅을 사지 않아도 온 산하가 모두 내 것이 된다. 그 산하를 내가 맘껏 보고 즐길 수 있기에. 그 산하가 도망칠 리도 없고, 누가 떼어갈 리도 없기에.

흰 구름을 제치고 나는 학의 날개를 빌려 푸르고 푸른 가을 하늘 끝 간 데까지 나의 시심을 높이 띄울 수 있다면 나는 그 어느 때보다도 행복할 것이다. 때로는 슬픈 시로 인해 가슴이 아프더라도 또한 나는 행복할 것이다.

晴 : 개일 청   鶴 : 학 학   排 : 밀어낼 배
便 : 곧 변   到 : 이를 도   碧 : 푸를 벽
霄 : 하늘 소

88. 인생은 눈 위에 남겨진 기러기 발자국 같은 것

人生到處知何似오? 應似飛鴻踏雪泥라.
인생도처지하사　　　응사비홍답설니

사람살이
머문 곳이
무엇과 같은지
아시겠는가?

눈 위에
잠시
쉬어간
기러기 발자국 같은 것.

소동파가 그의 동생인 소철(蘇轍)에게 지어 보낸 「화자유민지회구(和子由澠池懷舊)」 시에 나오는 구절이다.

날아가던 기러기가 잠시 내려앉아 눈밭에 발자국을 남긴다. 그리고 얼마 후 기러기는 다시 날아간다. 이렇게 다시 날아가는 기러기에게 딱히 정해 놓은 일정한 방향은 없다. 상황에 따라 동으로 날아갈 수도 있고 서로 갈 수도 있다. 그렇게 기러기가 날아가 버린 후

눈 위에 남아 있던 발자국은 눈이 녹으면서 흔적도 없이 사라지게 된다. 이게 바로 인생이다. 짧고 허무한 것이 인생이다. 정처 없이 떠나가면서도 뭔가 흔적을 남기려고 애를 쓰지만 결국은 세월에 묻혀 그 흔적도 희미해져 버리는 것이 인생인 것이다.

남에게 보이려는 흔적을 새기는 일은 정말 허무하고 의미 없는 일이다. 그렇게 사는 삶은 보아주지도 않을 남의 눈을 의식하며 자신의 인생을 낭비하는 삶이다. 그래서 허무하다. 짧은 인생, 더욱더 자신을 위해서 살아야 한다. 자신을 위한다는 것은 호의호식하며 맘껏 향락을 즐기라는 뜻이 아니다. 자신의 인생이 가장 아름다운 인생이 되도록 자신의 인생을 예술화하라는 뜻이다.

자신만이 아는 기쁨으로 충만 되어 언제라도 자신의 거울에 자신을 비춰보아도 부끄럽지 않은 인생, 그것이 바로 자신을 위해 사는 인생이다. 눈 위에 찍혔다가 녹는 눈 따라 사라지는 기러기 발자국만큼 내 인생이 허무하다고 서러워하기에 앞서 내 인생을 내가 나서서 예술화해 볼 일이다. 인생은 짧고 예술은 길다고 했으니 예술화한 내 인생은 그만큼 길어질 것이다. 그런 인생이라면 더 이상 허무한 인생은 아니지 않은가?

到 : 이를 도	處 : 곳 처	應 : 마땅히 응
似 : 같을 사	飛 : 날 비	鴻 : 기러기 홍
踏 : 밟을 답	雪 : 눈 설	泥 : 진흙 니(이)

김병기 교수의 한문 속 지혜 찾기④
눈물 어린 눈으로 꽃에게 물어도

초판 1쇄 발행일 2009년 4월 15일

지은이 김병기
펴낸이 박영희
편집 이선희
표지 강지영
교정·교열 이은혜
책임편집 강지영
펴낸곳 도서출판 어문학사
      132-891 서울특별시 도봉구 쌍문동 525-13
      전화: 02-998-0094 / 팩스: 02-998-2268
      홈페이지: www.amhbook.com
      e-mail: am@amhbook.com
      등록: 2004년 4월 6일 제7-276호

인지는 저자와의 합의하에 생략함

ISBN 978-89-6184-076-7 94810
      978-89-6184-072-9 (set)

정가 10,000원

※ 잘못 만들어진 책은 교환해 드립니다.